"一带一路"框架下
浙江与捷克经贸合作发展报告
（2020）

周俊子　郑亚莉　张海燕　胡文静　著

ZHEJIANG UNIVERSITY PRESS
浙江大学出版社

序 言

　　浙江是中国与中东欧国家地方合作的排头兵。贸易方面，2019 年浙江与中东欧 17 国贸易总额达近千亿元规模，与 2012 年中国—中东欧合作机制建立时相比，贸易规模实现翻番，占中国与中东欧国家贸易总额的 15%。投资方面，"引进来"不乏高科技产业领域企业携手共拓欧亚市场的成功案例，"走出去"呈现高科技企业日趋汇集、投资主业日渐清晰的可喜变化。如在捷克，浙江的万向集团、新坐标科技股份有限公司、万通智控科技股份有限公司、敏实集团投资项目均聚焦其支柱产业汽车制造业领域。捷克是中东欧国家中经济发展的翘楚，拥有发达的工业文明。《2020 全球制造业指数》表明，捷克是最适合发展制造业的欧洲国家；《2020 年全球竞争力报告》显示，捷克是中东欧地区最具竞争力的国家。近几年，在对捷合作上，浙江在平台搭建、项目推进、人文交流等方面做了大量努力，呈现出高层互访频繁、双向投资贸易活跃、企业和市县积极参与的良好态势。面对新冠肺炎疫情，浙江积极作为、主动担当，与捷克联合抗疫，以"重要窗口"的使命，不断丰富着浙捷合作的内涵。

　　《"一带一路"框架下浙江与捷克经贸合作发展报告（2020）》总结浙捷合作现状，并重点分析捷克经济及重点产业发展趋势。报告分为三篇，即"现状篇""发展篇""专题篇"。"现状篇"以数据呈现浙江与捷克 2019 年双方进出口贸易、双向投资、人文交流和联合抗疫情况。其中，双向投资部分遴选了万通智控收购韦斯伐里亚金属软管集团的案例，诠释了"一带一路"框架下浙捷合作的潜力和效益；联合抗疫部分回顾了中国（浙江）与捷克合力抗击疫情的历程，表达了对深化务实合作和增进双方情谊的信心。"发展篇"总结2019年捷克经济发展状况，并对捷克经济发展趋势进行预测，为有意开展对捷经贸合作的企业和机构提供决策参考。报告认为，捷克国内细分市场领域面临供需两端双重削弱的挑战，存在阶段性发展困难，疫情持续时间和政策应对有效性将是重要变量。"专题篇"以捷克制造业为分析对象，分为两部分。第一部分从规模地位、行业特点、国际市场依赖、数字化发展等维度对捷克制造业发展现状进行综合分析。第二部分展望未来，总结捷克制造业的发展优势和发展劣势，基于此从短期和中长期两个角度对捷克制造业发展形势进行研判。

本报告以中、英、捷三语同时呈现。周俊子负责报告框架设计及审阅通读全稿，并执笔撰写"现状篇"的部分内容与"发展篇"内容；郑亚莉负责撰写的具体组织及初稿审阅，并执笔撰写"专题篇"的部分内容；张海燕负责报告的研究指导及文稿复审，并执笔撰写"现状篇"的部分内容；胡文静执笔撰写"专题篇"的部分内容。徐蕾负责英文版翻译的组织及审阅通读全稿；徐蕾、吕方伊、卓佳妮负责"现状篇"的翻译；徐蕾、范爽爽负责"发展篇"的翻译；范爽爽、卓佳妮、吕方伊负责"专题篇"的翻译。徐伟珠负责捷克文版翻译的组织及审阅通读全稿；徐伟珠及其团队负责"发展篇"的翻译，以及"现状篇"与"专题篇"的翻译复核；Renata Čuhlová 负责"现状篇"与"专题篇"的翻译。我们希望以这份报告为媒介，加强与捷克及全球"一带一路"研究者之间的讨论交流，推动科研合作，携手贡献更多更好的研究成果。

本报告是浙江金融职业学院捷克研究中心的年度主打研究成果。本中心是经教育部备案设立的区域国别研究中心、浙江省服务"一带一路"新型智库培育单位，是致力于捷克政治、经济、文化、社会等各方面综合研究的开放型研究平台。

受2020年新冠肺炎疫情影响，本研究报告的发布时间有所延误。受研究团队水平所限，不当之处在所难免，敬请社会各方批评指正。

郑亚莉

浙江金融职业学院院长
捷克研究中心主任

目 录

现状篇

2019 年浙江与捷克双方合作现状分析

内容提要

◆ **双方货物贸易情况**

2019 年，浙江与捷克货物进出口总额突破 10 亿美元，其中浙江向捷克出口 8.62 亿美元，自捷克进口 1.46 亿美元，贸易顺差再度扩大。贸易商品结构上，浙江主要向捷克出口纺织服装、电线电缆等产品，投资带动蓄电池出口增长超 4 倍；主要自捷克进口机电及原材料、资源性产品，汽车零部件和原木增长突出。贸易主体上，民营企业占比高，跨境电商等外贸新业态主体作用凸显。

◆ **双向投资情况**

2019 年，浙捷双向新增投资项目不多，其中万通智控科技股份有限公司收购韦斯伐里亚金属软管集团项目规模较大，具有代表性，1/3 交易金额涉及捷克业务公司。该并购案不仅构成重大资产重组，也给万通智控在汽车零部件领域带来资源整合、品牌叠加、国际化布局等协同效应。

◆ **人文交流情况**

2019 年，恰逢中捷建交 70 周年，中国—中东欧国家教育、青年交流年，浙江探索实践多形式对捷人文交流：积极搭建教育合作平台，拓展发展空间；旅游热有所降温，增速由升转降；文化交流精彩不断，搭起民心相通桥梁。

◆ **联合抗疫分析**

2020 年伊始，新冠肺炎疫病肆虐。捷克自出现确诊病例以来，迅即反应、精准施策，上半年历经扩散期、暴发期、受控期三个阶段。在捷克抗疫过程中，中国（浙江）积极作为、全力协助，与捷克联合战"疫"。"后疫情"时期，浙江完全有可能勇挑重担，积极发挥浙企、华人华侨和开放平台的作用，以"重要窗口"的使命担当，推动浙捷合作的生动实践。

捷克是浙江深度参与"一带一路"建设和"17+1 合作"的重要节点国家。2019 年，双方合力打开了合作新局面。贸易方面，浙江与捷克进出口贸易规模达到 10.08 亿美元，同比增长 8.2%。投资方面，新增并购项目涉及捷克支柱产业汽车零部件领域，投资金额超亿元。人文交流方面，教育合作模式不断创新拓展，文化艺术交流活动丰富多彩。携手抗疫方面，中国（浙江）与捷克在联合战"疫"的过程中增进了情谊与合作，为双方进一步深化务实合作注入了新的动力。

一、双方货物贸易情况

（一）总体情况

双方进出口贸易再创新高，首破 10 亿美元，但整体规模不大，贸易顺差扩大明显。

2019 年，浙江与捷克进出口贸易额创新高，突破 10 亿美元，同比增长 8.2%，高于浙江同期进出口增速 4.8 个百分点。其中，浙江向捷克出口 8.62 亿美元，同比增长 8.4%；自捷克进口 1.46 亿美元，同比增长 7.1%。回顾过去 10 年，浙江与捷克进出口贸易增长趋势良好，尤其是近 5 年呈连续增长态势。如图 1-1 所示，2010—2019 年，双方贸易额从 5.73 亿美元增加至 10.08 亿美元，年均增长 6.5%。其中，浙江向捷克出口从 4.89 亿美元增加至 8.62 亿美元，年均增长 6.5%；自捷克进口从 0.84 亿美元增加至 1.46 亿美元，年均增长 6.3%。总体来看，浙捷进出口贸易发展速度较快，但整体规模不大，贸易顺差扩大明显。

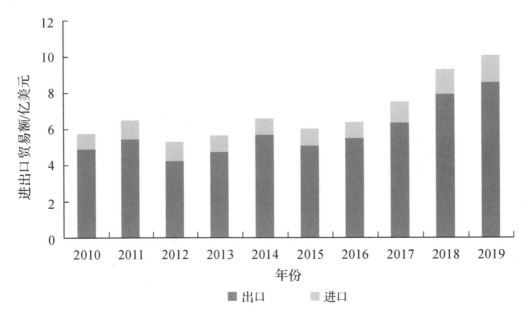

图 1-1　2010—2019 年浙江与捷克进出口贸易规模

（数据来源：浙江省商务厅）

（二）贸易商品结构

浙江主要向捷克出口纺织服装、电线电缆等产品，投资带动蓄电池出口增长超 4 倍；主要自捷克进口机电产品及原材料、资源性产品，汽车零部件和原木增长突出。

出口方面，2019 年浙江向捷克出口的主要商品前 10 位如图 1-2 所示，纺织服装、电线和电缆等是主要出口商品。纺织服装类产品优势明显，2019 年出口共计 9728.87 万美元，占 2019 年浙江向捷克出口总额的 11.3%。其中，服装及衣着附件居出口商品首位，出口额为 6929.59 万美元；纺织纱线、织物及制品居出口商品第二位，出口额为 2799.28 万美元。其后依次是电线和电缆、电动机及发电机、蓄电池，出口额均不足 3000 万美元，出口规模差距较大。

纵向比较来看，2019 年浙江向捷克出口的前 10 位主要商品中，蓄电池同比增长幅度最大，高达 426.2%，其次是电话机，同比增长 144.0%；下降幅度最大的是服装及衣着附件，同比下降 20.8%，其次是电线和电缆、电动机及发电机，分别同比下降 15.2% 和 10.1%，而这三类产品在 2018 年位列出

口商品前三，当年均实现了超过 30.0%的增长。由于浙江对捷克的出口主要
商品本身规模都不大，且多集中于若干企业，极容易受到个别企业业务规模
的扩大或缩减的影响而波动。如万向一二三股份公司在捷克投资设立锂电池
工厂，带动相关产品出口，是浙江对捷克蓄电池出口大幅上升的主要原因。

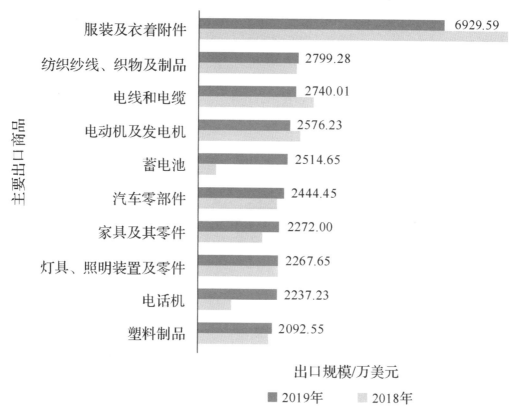

图 1-2　2019 年浙江向捷克主要出口商品规模及同比增减情况

（数据来源：浙江省商务厅）

　　进口方面，2019 年浙江自捷克进口的主要商品前 10 位如图 1-3 所示，
废金属、金属加工机床等是主要进口商品。浙江自捷克进口的前 10 位商品进
口额占同期浙江自捷克进口总额的 55.1%，产品集中度高于出口主要商品集
中度（33.5%），也高于浙江省同期进口主要商品总体集中度（41.0%），一定
程度上反映出浙江对捷克商品的主要需求领域。其中，金属加工机床、汽车
零部件、二极管及类似半导体器件等 6 种机电产品合计进口额达到 4454.42

万美元，占浙江自捷克进口总额的 30.4%；废金属、原木、初级形状的塑料等原材料、资源性产品合计进口额达到 2926.55 万美元，占浙江自捷克进口总额的 20.0%。

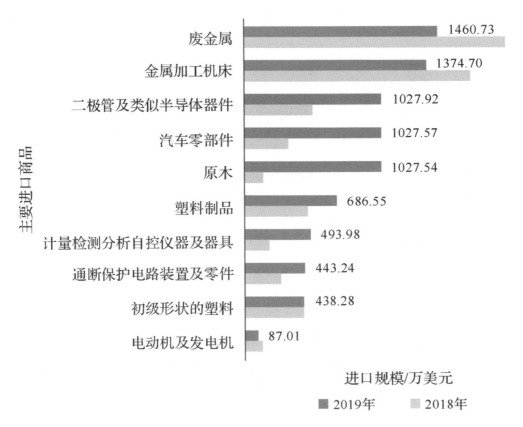

图 1-3　2019 年浙江自捷克主要进口商品规模及同比增减情况

（数据来源：浙江省商务厅）

纵向比较来看，2019 年浙江自捷克进口的前 10 位主要商品中，原木增长幅度最大，同比猛增约 7 倍。这主要与捷克因森林虫害加快了当地木材砍伐和贸易量、从美国进口阔叶木材加征关税、中国国内继续停止天然林采伐等有关。据中国木业网（www.cnwood.cn）数据，2019 年捷克已位列我国原木进口数量前 5 位的国家名录。另外，浙江自捷克进口汽车零部件同比增长超 2 倍。汽车产业一直是捷克经济的支柱产业，拥有颇具规模的完整产业链，其中零部件方面，欧洲投资监测机构安永会计师事务所（Ernst & Young）已连续多年把捷克评为世界最佳汽车零部件产业投资目的国。近几年浙江自捷克进口汽车零部件态势良好，一定程度上对国产汽车零部件形成互补，也有利于引导汽车产品提质增效。

（三）贸易主体结构

民营企业占比较高，跨境电商等外贸新业态主体作用凸显。

依出口规模排名，2019 年浙江向捷克出口规模前 20 位的企业包括：宁波麦博韦尔移动电话有限公司、杭州松下马达有限公司、万向一二三股份公司、浙江春风动力股份有限公司、万向进出口有限公司、浙江科恩洁具有限公司、杭州海康威视科技有限公司、慈溪冬宫电器有限公司、杭州炬华科技股份有限公司、电装（杭州）有限公司、浙江兆龙互连科技股份有限公司、宁波大叶园林设备股份有限公司、浙江华海药业股份有限公司、日本电产芝浦（浙江）有限公司、宁波森语国际贸易有限公司、汇孚集团有限公司、邮快件电商包裹（8639）、宁波保税区海天贸易有限公司、宁波中基惠通集团股份有限公司、海宁市海迅贸易有限公司。从企业性质看，民营企业发挥出口主力军作用，在浙江向捷克出口规模前 20 位企业中占据近一半；从主营产品看，主要涉及电子设备、马达、锂电池、汽车零部件等领域；从业务模式看，随着捷克站项目的持续推进，跨境电商在浙江向捷克出口中的作用日益显现。

依进口规模排名，2019 年浙江自捷克进口规模前 20 位的企业包括：乐高玩具制造（嘉兴）有限公司、宁波立得购电子商务有限公司、嘉善华瑞赛晶电气设备科技有限公司、宁波金田铜业（集团）股份有限公司、亚欧汽车制造（台州）有限公司、浙江物产民用爆破器材专营有限公司、海天塑机集团有限公司、浙江物产森华集团有限公司、泰瑞机器股份有限公司、均胜汽车安全系统（湖州）有限公司、海伦钢琴股份有限公司、杭州汽轮机股份有限公司、科世科汽车部件（平湖）有限公司、中石化国际事业宁波有限公司、化药（湖州）安全器材有限公司、浙江新光饰品股份有限公司、浙江省科学器材进出口有限责任公司、杭州欣业制盖有限公司、浙江柳桥实业有限公司、宁波市康世达进出口贸易有限公司。从企业性质看，2019 年浙江自捷克进口前 20 位企业中民营企业 9 家，占比高于 2018 年；从新增企业涉及领域看，与 2018 年相比，2019 年浙江自捷克进口前 20 位企业中新增企业 10 家，涉及汽车零部件、金属加工、科学器材等多个领域，与捷克优势产业较一致；从业务模式看，跨境电商在浙江自捷克进口企业中的地位不断提升，如宁波立得购电子商务有限公司进口规模排名由 2018 年的第 8 位上升到 2019 年的第 2 位。

二、双向投资情况

2019 年，浙江与捷克双向新增投资规模不大。据浙江省商务厅资料，2019年浙江在捷克新增核准投资项目 2 项，中方投资备案额为 2228.66 万美元，主要投资汽车制造业以及计算机、通信和其他电子设备制造业。其中，规模较大的新增投资项目是万通智控科技股份有限公司（以下简称万通智控）收购韦斯伐里亚金属软管集团（Westfalia Metal Hoses Group，以下简称 WMHG）项目，案例具体情况如下。

（一）企业基本情况

万通智控成立于 1993 年,是从事轮胎气门嘴、轮胎气压监测系统（TPMS）以及相关工具及配件研发、生产和销售的专业制造商。在售后服务市场（AM市场），万通智控与三一股份有限公司（31 Inc.）、胎安（Tyresure）、雷马（REMA）等品牌售后服务商展开紧密合作；在整车配套市场（OEM 市场），公司与中策集团、哈尔技术（Haltec）等汽车零部件一级供应商及上汽集团等整车制造商建立了长期稳定的合作关系。万通智控是上汽通用、大众、北汽、广汽等诸多知名整车厂配套供应商，也是美国铝业公司（Alcoa）、美国沃尔沃（Volvo）等的配套供应商，并面向欧美等地区汽车售后服务市场。

被收购公司为海金杜门集团（Heitkamp & Thumann，以下简称 H&T）旗下的 WMHG，具体涉及 Westfalia Metallschlauchtechnik GmbH & Co. KG 德国业务公司[1]（以下简称 WSH）、Westfalia Metal s.r.o. 捷克业务公司（以下简称

---

1 本节的几个外企名称均摘自上市公司披露文件，有些没有中文名，只有外文名和简称，且其简称拼写系出自捷克语等语种，故与英文首字母缩写不完全一致。

WCZ）、Westfalia, Inc. 美国业务公司（以下简称 WIW）、维孚贸易（上海）有限公司（Westfalia Shanghai Trading Company Ltd.，以下简称 WSC）、维孚金属制品（上海）有限公司（Westfalia Metal Components Shanghai Co. Ltd.，以下简称 WSS）、Westfalia Grundstücks-GmbH & Co. KG（以下简称 WGG）6 家公司。WMHG 是全球领先的复杂组件供应商、商用车气密解耦元件的全球市场领导者，专注生产用于商用车及其他重型运输工具的排气管路系统及解耦元件，在全球范围内提供包括汽车排气系统柔性金属软管、气密挠性减震元件、弯管、隔热套及排气管路系统总成，是目前唯一的一家拥有基于带状缠绕焊接软管的气密解决方案的公司。其中，WCZ 于 2001 年在捷克布尔诺注册成立，由 Heitkamp & Thumann KG（以下简称 H&T KG）关联企业 Westfalia Metallschlauchtechnik Verwaltungs-GmbH（以下简称 WSV）全权控股，组装制造能力较为完善，主要生产带绕金属软管（Strip Wound Hose，SWH），并承担气密金属软管（Gastight Hose，GTH）产品的组装，此外还进行金属软管端部配件、弯管以及热绝缘配件的生产。

（二）收购案例简况

收购方：万通智控及其全资子公司 CORE Mainstream Luxemburg S.A.R.L.（以下简称 CORE 卢森堡公司）、CORE Mainstream Germany GmbH（以下简称 CORE 德国公司）。

被收购方：H&T 集团，具体包括 H&T KG 及其关联企业 WSV、WGG。

收购对象：WMHG 相关的股权资产及非股权资产，具体涉及 WSH、WCZ、WIW、WSC、WSS 和 WGG，交易清单明细如表 1-1 所示。

交易价格：最终收购价款合计为 52412183 欧元，其中 WCZ 最终收购价为 17257217 欧元。

支付方式：现金方式。截至 2020 年 5 月完成所有支付款项，其中 WCZ 已于 2019 年 9 月完成收购。

股权变动：此收购案涉及股权结构变动，收购后收购方与收购对象股权结构关系如图 1-4 所示。

表 1-1 股权资产和非股权资产交易清单

股权资产

序号	被收购方	收购对象	被收购方持有股权比例	收购方	最终购买价（欧元）
1	H&T KG	WSH（德国）	100%有限合伙人权益	CORE 德国公司	19226052
2	WSV	WCZ（捷克）	100%	CORE 德国公司	17257217
3	WSV	WIW（美国）	100%	CORE 德国公司	2435246
4	WSV	WSC（中国上海）	100%	万通智控	2602000
5	WSV	WSS（中国上海）	100%	万通智控	7017000

非股权资产

序号	被收购方	收购对象	收购方	最终购买价（欧元）
6	WGG	位于德国希尔兴巴赫（Hilchenbach）的土地及其上附的所有权利、义务、房屋及附属物。该土地原供 WSH 使用，面积 32666 平方米	CORE 卢森堡公司	3874668

（资料来源：根据《中银国际证券股份有限公司关于万通智控科技股份有限公司重大资产购买之 2019 年度持续督导意见》整理而成）

注：WSH 为有限合伙企业，WSV 为其普通合伙人，H&T KG 为其有限合伙人。当 H&T KG 向买方转让其持有的 WSH 100%有限合伙人权益后，WSV 即注销其普通合伙人权益。

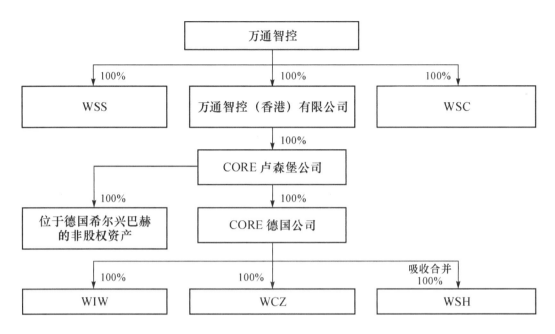

图 1-4 收购后收购方与收购对象股权结构关系

（资料来源：《万通智控科技股份有限公司重大资产购买实施情况报告书》）

（三）影响分析

万通智控收购 WMHG 项目不仅对万通智控构成重大资产重组，也带来资源整合、国际化布局、品牌叠加等积极效应。

1. 资源整合效应

万通智控能够在重点发展的商用车汽车零部件领域和 WMHG 产生协同效应，通过双方研发团队、营销团队和销售渠道的整合，更好地向商用车制造商提供综合性的零部件产品和服务。

2. 国际化布局效应

通过此次收购，万通智控可以迅速完成国际化布局，在美国、欧洲国家与中国均有研发、生产和销售基地，全面覆盖世界主要市场，并可以进一步深入了解海外的市场环境、经营环境、法律环境，丰富跨国企业管理经验。

3. 品牌叠加效应

万通智控可以借助 WMHG 的品牌优势，积极布局国际市场，并推进多品牌战略，同时 WMHG 又可以凭借万通智控的国内知名度和地位进一步开拓国内市场，从而提升万通智控的综合竞争实力。

三、人文交流情况

（一）积极搭建教育合作平台，不断拓展发展空间

2019 年，中国－中东欧国家合作主题为"教育、青年交流年"，第八次中国－中东欧国家领导人会晤上也发布了《中国－中东欧国家合作杜布罗夫尼克纲要》，明确教育、青年和体育合作的五个方面。在新纲要精神指引下，浙江不断拓展与中东欧国家在教育领域的合作空间，探索教育合作新模式，有效促进了浙江与捷克的教育合作范畴的拓展和水平的提高。2 月，教育部与宁波市政府签署《推进共建"一带一路"教育行动国际合作备忘录》，重点支持宁波开展"一带一路"教育国际合作试验、承办中国－中东欧国家教育政策对话、做强职教援外培训和境外办学等。5 月，时任浙江省委书记车俊访问捷克期间，中国计量大学和布拉格金融管理大学联合成立浙江捷克人文交流中心和中东欧研究院，浙江金融职业学院与"一带一路"捷克站签订合作协议探索共建"丝路学院"，与捷克科学院全球研究中心签署"全球冲突与地方互动"AV21 战略研究项目合作谅解备忘录。同时，浙江万里学院"一带一路"语言学院成立，首届捷克语订单班结业。7—8 月，第四届浙江大学研究生国际工作坊子项目在捷克孟德尔大学举办，内容包括捷克顶尖教授的学术讲座、重要国际组织参访、中东欧四国实践调研活动等。10 月，第六届中国（宁波）－中东欧国家教育合作交流会开幕式暨"一带一路"国家教育合作高峰论坛在宁波举行，共揭牌 7 个教育文化中心，签署 7 项教育合作协议，其中宁波东钱湖旅游学校与捷克杰美吉斯国际旅游学校签署结对协议。此外，浙江海洋大学与捷克布拉格生命科学大学签署合作备忘录，在生物技术、环境技术、食品加工技术专业领域达成合作意向；宁波卫生职业技术学院与捷克布拉格医学护理学院签署合作协议，在医学教育、健康养老专业领域合作

达成共识。在浙江金融职业学院，全国唯一校建国别馆"捷克馆"积极服务相关高校、企业、协会，年接待参观人员近 6000 人次。

（二）旅游热有所降温，增速由升转降

近年，中国赴捷克旅游人数持续高增长，但是，2019 年旅游人数由增转降，略有下滑。据捷克统计局数据，中国连续两年成为捷克第四大外国游客来源国。2019 年，共有 61.2 万名中国游客赴捷克旅游，人数同比下降 1%。其中，三季度中国游客减少是全年下滑的主要根源，不排除与前期基数高等因素有关。虽然中捷旅游热有所降温，但是捷克丰富诱人的旅游风光与浙江的旅游消费升级相契合，浙捷双方旅游合作互动频繁。5 月，由浙江省政府主办、宁波市政府承办的浙江（宁波）－捷克经贸科技合作交流会在布拉格举行，宁波市文化广电旅游局与捷方签订文化旅游合作项目，进一步开拓双向旅游市场。6 月，首届中国－中东欧国家博览会在宁波启动，其中在中东欧旅游专场对接会上，捷克、波兰、斯洛伐克、匈牙利等国家积极推介本国特色旅游，而捷克作为主推国家，分享了一系列独具魅力的旅游线路，同时浙江省中国旅行社集团有限公司与飞翼旅行（Wings Travel）签订百万美元采购订单，主要对接捷克旅游资源。2020 年疫情给国际旅游带来史无前例的冲击。随着疫情的好转，浙江与捷克的旅游合作将逐步恢复，但恢复期时间会比较长。

（三）文化交流精彩不断，搭起民心相通桥梁

2019 年恰逢中捷建交 70 周年，双方文化艺术交流活动丰富多彩，浙江也为促进双方文化交流与融合发展添砖加瓦。1 月，浙江婺剧院陈美兰新剧目创作团队赴捷演出，在布拉格、俄斯特拉发、奥洛姆茨三个城市共举行了 5 场演出活动。此次演出以"欢乐春节，美丽浙江"为主题，通过编排《天女散花》《江南丝竹联奏》《九节龙》《说唱脸谱》《戏曲武功》《捷克民歌合奏》等节目，展现了经典婺剧、浙江民俗、中国传统文化以及捷克地方音乐，增进了捷克民众对中国浙江优秀传统文化的了解，拉近了彼此的距离。5 月，2019 年浙江省欧洲系列文化交流活动在捷克开启，"丝·茶·瓷——丝绸之路

上的跨文化对话"展览在皮尔森州举办。此次展览分为源、路、艺、器、融五大板块，通过浙江丝茶瓷精品的展示、文化符号的传播、现场的交流互动等，详细介绍了丝绸、茶和瓷器在浙江几千年来的演变历史和艺术变化，从丝茶瓷的历史渊源、东西方互通交流、艺术传承和发展等方面全面展示了丝茶瓷的历史底蕴和文化内涵。同时，在布拉格重点文物保护单位——原捷克央行 ZIBA 大楼，杭州文澜中学和捷克奥特那中学进行了教育文化交流汇报演出。8 月，由"一带一路"捷克站和西泠印社联合主办的"百年西泠·中国印"西泠印社布拉格特展开幕式及艺术创作交流活动在浙江丝路中心举行。此次特展活动采取现场创作和艺术展示结合的方式：一方面，以现场创作的方式进行艺术碰撞，西泠印社艺术家们通过刻刀、笔墨演示了极具中国传统人文气质、东方艺术美蕴的篆刻、书画艺术；另一方面，以现场展览的方式进行艺术诠释，展出了西泠印社社员创作的 48 方"人文奥运"系列印章原石和 70 幅书画艺术品，加深了观赏者对中国高超艺术水准的认识。

四、联合抗疫分析

（一）捷克抗疫历程

捷克自 2020 年 3 月 1 日首次发现新冠肺炎确诊病例以来，及时实施严厉的防疫防控措施，是欧盟最早宣布进入紧急状态、最早关闭边境、最早强制要求民众在公共场合佩戴口罩的国家之一。凭借着快速反应和精准施策，捷克从中东欧地区疫情暴发初期确诊病例最多的国家转而成为中东欧地区首个宣布放松管制的国家，疫情防控展现出极高的效率，扭转了不利局面。从 3 月 1 日出现确诊病例至放松管制节点 5 月 25 日，这期间捷克抗疫历程大致可以分为三个阶段。

1. 第一阶段：疫情扩散期（3 月 1 日至 3 月 21 日）

捷克于 3 月 1 日首次宣布 3 例新冠肺炎确诊病例，半个月后跃升为中东欧 17 国中确诊病例最多的国家。如图 1-5 所示，3 月 1 日至 3 月 21 日，捷克累计新冠肺炎确诊破千例，累计阳性率不断上升，3 月 21 日最高达 6.6%。从感染源看，捷克疫情最早源于当时欧洲疫情最严重的意大利北部。据捷克卫生部数据，3 月初约有 16500 名捷克人在意大利，他们多数是度假者。随着疫情持续发展，感染源趋于多样化，部分病例感染与奥地利、德国、美国、西班牙等国有关。从区域分布看，布拉格感染最严重，其次是中捷克州、奥洛穆茨、乌斯季和兹林地区。

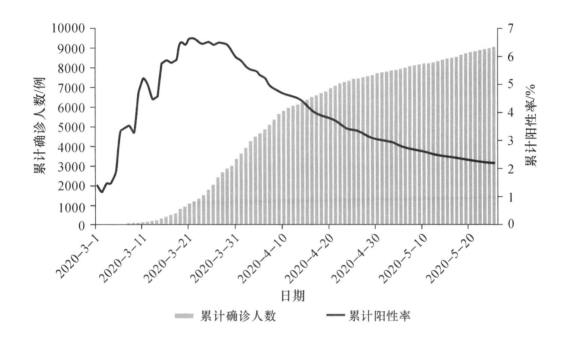

图 1-5　2020 年 3 月 1 日至 5 月 25 日捷克累计新冠肺炎确诊情况

（数据来源：捷克卫生部）

注：累计阳性率指累计阳性病例数（即确诊病例数）占累计检测总数的比例。

面对新冠疫情，捷克政府迅速采取行动，密集出台一系列严格管控措施，并不断升级（如表 1-2 所示）。

（1）国家管理方面，在世界卫生组织（WHO）将新冠肺炎定性为全球性流行病次日，即 3 月 12 日，捷克政府宣布全国进入为期 30 天的紧急状态，由政府集体在危急时刻管理国家，并将紧急状态延期两次至 5 月 17 日。紧急状态是捷克政府采取的一种应对危机的措施，因为新冠肺炎疫情严重时会高度危害人们的生命、健康、财产安全，甚至危害国家秩序和安全。

（2）出入境和人员流动方面，捷克政府 3 月 2 日宣布暂停与韩国、意大利北部城市的往返航班；3 月 7 日宣布暂停向伊朗公民发放签证，3 月 14 日升级为停止发放所有签证；从 3 月 9 日开始在 10 个过境点进行随机测温检查，同时调动军队前往德国、奥地利边境以严格执行管制（与波兰、斯洛伐克的边境也受到两国管制）；3 月 10 日决定禁止公务员国际旅行、出差，特事需由各部长亲批；3 月 16 日开始实施人员自由流动禁令，禁止捷克境内自然人自由流动的同时，禁止所有外国人进入捷克以及所有捷克人出境，这是自 3 月 1 日以来捷克政府所采取的最为严格的防控措施。

（3）检验检疫方面，设立一批实验室对采集样本进行检测评估，并实施家中采样措施，鼓励民众居家隔离，通过电话或邮件让医护人员上门采集样本进行检验，以降低病毒传播可能性。自 3 月 7 日起对所有从意大利返回人员实施 14 天强制性检疫隔离规定，并于 3 月 13 日扩展至包括中国在内的 15 个高风险国家归来人员。

（4）防疫物资方面，对出口环节、销售价格及口罩佩戴均有严格管制。自 3 月 4 日起禁止出口 FFP3 级口罩，并出台有关药品流通的新法规，禁止向欧盟国家供应原本计划在捷克市场上出售的所有授权药用产品，禁止将这些药用产品出口到欧盟以外的其他国家；捷克财政部宣布管控口罩价格，欧盟国家生产的口罩限价 175 克朗/个（不含增值税，下同），非欧盟国家生产的口罩限价 350 克朗/个；从 3 月 19 日开始实施在公共场所强制佩戴口罩或其他呼吸防护设备的措施，捷克政府还批准从政府预算储备金中拨出 5 亿捷克克朗给卫生部，以保障购买必要的医疗防护设备。

（5）经营场所和群体活动方面，关停学校、商店、餐馆、公共活动场所等，限制各类集会活动人数规模。自 3 月 11 日起全国小学、中学、大专院校和高等教育机构全面停课，涉及学生约 170 万人。为了减轻停课对在家孩子及其父母的困扰，在捷克教育部的支持下，捷克电视台自 3 月 16 日起开播面向学生的"电视课堂"，暂定播放一个月，既有低年级课程，也有物理、地理、历史等高年级课程。捷克政府还强制规定大专院校和大学的全日制学生学习社会和人道主义工作、社会法、社会教育学、社会护理、社会病理学等，如有需要有义务提供帮助；自 3 月 11 日起禁止一切超过 100 人的聚集性活动，关闭所有城堡、博物馆、图书馆、美术馆和画廊；3 月 13 日后进一步收紧措施，将活动最大人数限制降至 30 人，禁止公众进入运动场、健身中心、游泳池、社交俱乐部等，关闭所有餐馆、酒吧、赌场、摊位市场、购物中心及美容店、理发店等服务提供商，但杂货店、药店、加油站、宠物店和其他一些商店除外。

表 1-2　2020 年 3 月 1 日至 5 月 25 日捷克抗疫重要纪事

时 间	抗疫纪事
3 月 1 日	● 捷克首次宣布 3 例新冠肺炎确诊病例
3 月 2 日	● 暂停捷克与韩国、意大利北部城市的往返航班
3 月 4 日	● 禁止出口 FFP3 级口罩，并规定该类别口罩只能向卫生和社会机构、公共卫生部门、综合救援系统和其他国家行政机构销售——此禁令实施一个月后取消
3 月 7 日	● 对所有从意大利返程人员实施 14 天强制性检疫隔离规定，违反规定者将面临最高 300 万捷克克朗的罚款
3 月 9 日	● 在 10 个边境检查站随机检测旅客体温，同时调动军队赴德国、奥地利边境以严格执行管制（与波兰、斯洛伐克的边境也受到两国管制）
3 月 10 日	● 禁止公务员国际旅行、出差，特事需由各部长亲批 ● 禁止外人探视医院住院部和养老院
3 月 11 日	● 捷克全国中小学（幼儿园除外）、大专院校和高等教育机构全面停课 ● 禁止一切超过 100 人的文体社交活动，包括文艺、体育、宗教、庆典、集市等聚集性活动——此禁令不适用于丧葬以及立法、公共管理、法庭审判的会议 ● 关闭所有城堡、博物馆、图书馆、美术馆和画廊
3 月 12 日	● 捷克政府宣布自当日 14:00 起全国进入为期 30 天的紧急状态，有效期为 3 月 12 日至 4 月 11 日

续表

3月13日	● 对国外归来人员实施 14 天强制性检疫隔离规定，适用于选定的 15 个疫情高风险国家，包括中国、韩国、伊朗、意大利、西班牙、奥地利、德国、瑞士、瑞典、荷兰、比利时、英国、挪威、丹麦和法国 ● 禁止一切超过 30 人的聚集性活动 ● 禁止公众进入运动场、健身中心、游泳池、社交俱乐部等
3月14日	● 停止发放所有签证 ● 实施捷克境内 9 人以上的旅客运输禁令，适用于所有跨境铁路和巴士运输 ● 关闭所有餐馆、酒吧、赌场、摊位市场、购物中心及美容店、理发店等服务提供商，但是杂货店、药店、加油站、宠物店和其他一些商店除外
3月15日	● 捷克政府发布禁止人员自由流动的禁令，3 月 16 日 0:00 至 3 月 24 日 06:00 生效：禁止捷克境内人员自由流动，上下班及必要的日用品采购除外；禁止所有外国人进入捷克，同时禁止所有捷克人出境——此禁令不适用于货车司机、火车工作人员、飞机工作人员以及居住在捷克与奥地利和德国边界 100 千米以内的邻国工作人员（需批准）
3月18日	● 实行宵禁
3月19日	● 在公共场所实施强制佩戴口罩或其他呼吸防护设备的措施，违规者将面临最高 1 万捷克克朗的罚款
3月28日	● 启动新冠肺炎智能检疫系统，先后在南摩拉维亚、北摩拉维亚、布拉格测试，并于 4 月 13 日在全国推广实施
3月30日	● 人员自由流动禁令延长至 4 月 11 日 ● 放宽对旅馆和招待所的限制，允许其接待出于工作或商业需要的住宿顾客
4月2日	● 对所有返回捷克人员实施 14 天强制性检疫隔离规定，跨境工作者、医护人员、社会救援服务人员、外交官和血液运输人员除外
4月3日	● 将捷克与德国、奥地利的边境管制延长至 4 月 24 日

续表

4月9日	• 国家紧急状态延长至 4 月 30 日
4月14日	• 执行出入境有限放宽规定，允许民众出于"必要目的"离开捷克，例如出差、看病或探亲等，但回国后必须居家隔离 14 天 • 捷克政府宣布放松管制计划，从 4 月 20 日至 6 月 8 日，分五个阶段逐步放宽或取消部分疫情防控措施，并且可能会根据疫情形势随时做出调整：第一阶段从 4 月 20 日开始，开放农贸市场、手工艺品店、汽车经销店、职业运动员户外训练场（不允许有观众），10 人以内的小型婚礼也可举行；第二阶段从 4 月 27 日开始，200 平方米以内的商店准许营业，但大型购物中心（5000 平方米以上）内的商店仍不得营业；第三阶段从 5 月 11 日开始，开放 1000 平方米以内的商店、驾校、健身房里的健身区（换衣间和洗浴设施除外）；第四阶段从 5 月 25 日开始，咖啡馆、酒吧和餐厅的室外区域允许营业，理发店、美容美甲店、按摩店、博物馆、美术馆允许营业；第五阶段从 6 月 8 日开始，咖啡厅、酒吧、餐厅、酒店、出租车、5000 平方米以上的大型商场、剧院、城堡等场所或服务可恢复经营，允许举办 50 人以内的文化、体育或商业活动
4月20日	• 捷克政府决定行政主管部门（例如州、市政或地区办公室）可从 4 月 20 日开始全面运作
4月23日	• 捷克政府将放松管制计划加快 14 天，从"五个阶段"调整为"四个阶段"，即从 4 月 20 日至 5 月 25 日，分四个阶段实施放松管制计划 • 根据捷克政府的逐步开放计划，学生返校日程确定（比如从 4 月 27 日开始捷克大学所有学生可以返校，从 5 月 25 日开始捷克小学第一阶段开学），教育部也为学生返校制定相应防疫手册
4月24日	• 取消人员自由流动和出国旅行禁令，允许民众出境，但如回国，须出示新冠病毒检测阴性报告或居家隔离 14 天 • 将捷克与德国、奥地利的边境管制延长至 5 月 14 日 • 公共场所同行人数限制从 2 人提高到 10 人

续表

4月27日	● 2500 平方米以内的商店准许营业，但购物中心内商店仍不得营业 ● 动物园和健身中心等室外区域也将开放
4月28日	● 国家紧急状态延长至 5 月 17 日
5月1日	● 适当放宽"口罩令"
5月11日	● 允许所有购物中心、理发店、美容沙龙、餐厅室外花园、博物馆、美术馆、艺术馆、剧院、电影院、音乐厅恢复经营，允许举办最多 100 人的活动 ● 27 个捷克驻外使馆和领事馆恢复签证受理，包括中国—成都、中国—北京、中国—上海等 ● 恢复跨境铁路和巴士运营
5月18日	● 国家紧急状态正式结束
5月25日	● 政府批准可不戴口罩出门，即终止在室外公共场所佩戴口罩的强制性要求 ● 重新开放餐厅、咖啡厅、酒吧、城堡、游泳池，允许举办最多 300 人的活动

（资料来源：根据捷克政府部门发布的信息持续跟踪整理而成）

2. 第二阶段：疫情暴发期（3月22日至4月9日）

第二阶段，捷克新冠肺炎确诊病例快速增长，进入暴发高峰期，且一直是中东欧 17 国中确诊病例最多的国家。如图 1-5 和图 1-6 所示，3 月 22 日至 4 月 9 日，捷克每日新冠肺炎确诊人数平均约为 240 例，是第一阶段每日确诊人数平均值（50 例）的 4 倍多，其中 3 月 27 日最高为 377 例；累计新冠肺炎确诊达 5591 例，其中 3 月 26 日突破 2000 例，3 月 30 日突破 3000 例，4 月 3 日突破 4000 例，4 月 7 日突破 5000 例，跨度都是 4 天，远快于第一阶段的增长速度（破千跨度 20 天）。从感染源看，第二阶段，大部分感染源自国内，而国外感染源多数来自奥地利，其次是意大利；从区域分布看，布拉格仍是感染最严重的地区，其次是中捷克州、摩拉维亚-西里西亚州、奥洛穆茨、南摩拉维亚州。值得关注的是，阳性率指标改善明显，每日阳性率从 3 月 22 日的 6.4%下降至 4 月 9 日的 3.1%，累计阳性率从 3 月 22 日的 6.6%下降至 4 月 9 日的 4.7%，虽然两个阳性率指标仍处于较高水平，但其下降势头初步体现出捷克疫情正在逐步得到遏制。

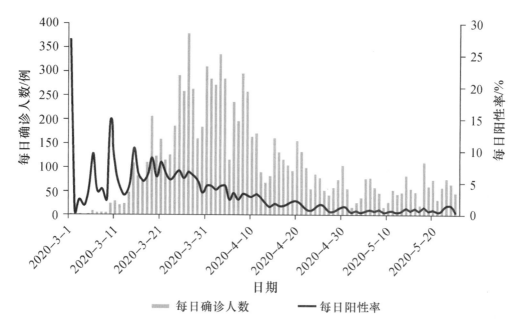

图 1-6　2020 年 3 月 1 日至 5 月 25 日捷克每日新冠肺炎确诊情况

（数据来源：捷克卫生部）

注：每日阳性率指每日阳性病例数（即确诊病例数）占每日检测总数的比例。

这一阶段，捷克政府继续在国家管理、出入境、人员流动、检验检疫等方面跟进推出多项管制措施。国家管理方面，4 月 9 日，捷克众议院批准将国家紧急状态延长至 4 月 30 日（原定于 4 月 11 日后解除）。出入境和人员流动方面，3 月 30 日，捷克政府宣布人员自由流动的限制将延长至 4 月 11 日；4 月 3 日，捷克政府决定将与德国、奥地利的陆上及空中边境管制延长至 4 月 24 日，同时鉴于波兰和斯洛伐克已对捷克实行边境管制，不再重复管制。为支持边境管制举措，捷克政府从预算储备金中拨出 1810 万捷克克朗给内政部。检验检疫方面，3 月 28 日，捷克政府启动了智能检疫系统，率先在南摩拉维亚完成测试，并逐步推广至全国。该系统由捷克政府与军队合作开发，可通过随机测试来调查新冠肺炎感染模式和渠道，快速跟踪识别确诊患者的密切接触人群；4月2日开始对返回捷克的所有人实施14天强制性检疫隔离规定，此前该法令仅适用于从高风险地区返捷人员。据3月底捷克权威调查机构STEM调查显示，大多数捷克人高度肯定捷克政府应对此次新冠疫情危机所采取的防控举措。

3. 第三阶段：疫情受控期（4月10日至5月25日）

第三阶段，捷克新冠疫情防控形势向好，蔓延势头得到一定控制。中东欧17国中，捷克累计新冠肺炎确诊病例数于4月10日被波兰超越，进而又先后被罗马尼亚、塞尔维亚反超，由确诊病例最多的国家退为第四位。如图1-5和图1-6所示，4月10日至5月25日，捷克每日新冠肺炎确诊人数平均约为75例，不足第二阶段每日确诊人数平均值的1/3；累计新冠肺炎确诊达9025例，其中4月12日突破6000例，4月21日突破7000例，5月7日突破8000例，5月25日突破9000例，破千时间跨度不断拉长。同时，阳性率指标进一步改善，每日阳性率平均值为1.2%，低于第一阶段的6.7%和第二阶段的4.8%，处于较低水平；累计阳性率从4月10日的4.7%持续下降至5月25日的2.2%。上述各项指标均表明，捷克新冠疫情扩散速度趋缓，前期防疫防控举措取得阶段性成效。

随着疫情好转，捷克政府开始逐步放松管制，解除防疫限制性措施，有序推动复工复产。国家管理方面，4月28日，捷克众议院批准将国家紧急状态延长至5月17日（原定于4月30日后解除），即5月18日起捷克国家紧急状态正式结束。出入境和人员流动方面，4月14日捷克开始执行出入境有限放宽方案，4月24日起取消人员自由流动和出国旅行禁令，5月11日起部分捷克驻外使馆和领事馆恢复签证受理。口罩防护方面，捷克政府决定从5月1日起适当放宽"口罩令"，5月25日进一步批准民众可以不戴口罩出门，即终止在室外公共场所佩戴口罩的强制性要求。经营场所和群体活动方面，捷克政府宣布放松管制计划，从4月20日至6月8日分五个阶段逐步放宽或取消部分疫情防控措施，而后又加速放松管制步伐，由"五个阶段"调整为"四个阶段"，即从 4 月 20 日至 5 月 25 日，分四个阶段实施放松管制计划。另外，为减轻疫情期间非常措施对捷克企业、家庭带来的影响，捷克政府采取了一些补偿措施，包括允许推迟纳税申报并免除滞纳金，允许推迟分期付款，允许个体经营户不支付 3—8 月的社会保险预付款，减免部分医院债务，中止电子销售登记（EET），为个体经营者、护理人员或临时工提供补助，为企业支付工资和提供无息贷款、信贷担保、财政贴息、出口信保，修订《破产法》，专款扶持文化产业以及捷克中央银行（CNB）下调利率等。

捷克实施宽松措施后，新冠肺炎确诊病例并未急剧增加，直至 6 月中旬仍保持日均新增 50 例左右，但不排除会出现地区性、聚集性感染疫情而再次启用局部防疫措施。

（二）中国（浙江）与捷克联合战"疫"情况

在捷克抗击疫情期间，我国及时出手相助、分享经验，浙江也积极作为、主动担当。中国（浙江）与捷克在联合战"疫"的过程中进一步增进了情谊与合作。

国家层面，在中国疫情关键之时，捷克曾向我国捐助防疫物资，而在捷克疫情暴发之初，我国全力协助解决困难，通过防疫物资供给、信息经验分享等各种方式积极推进双边抗疫合作。3 月初，捷克总统特使兼总统府办公厅主任弗拉蒂斯拉夫·米纳日（Vratislav Mynář）访问中国期间捐赠了 5 吨防疫物资。而后考虑到捷克疫情快速上升态势以及防疫物资严重短缺的实际困难，我国决定将尚未起运的 4 吨捐赠防疫物资留在捷克以支持其对抗疫情。同时，我国紧急协调外交部、商务部、海关、民航、银行等各个部门和机构，开辟"空中运输走廊""金融服务绿色通道"，为捷方在华采购防疫物资提供便利和支持，成为第一个向捷克提供防疫物资援助的国家。捷克政府也积极通过全球采购来应对疫情，但绝大多数防疫物资来自中国。据中国驻捷克使馆和东方航空的数据，从 3 月 20 日开始至 5 月 3 日结束，累计执行捷克疫情防疫专项政府包机 51 班，交付约 2000 吨价值近 40 亿捷克克朗的防疫物资，包括口罩、防护面罩、呼吸器、防护服、检测试剂盒等。事实表明，得益于中国的支援，捷克防疫物资匮乏状况得到了极大缓解。另外，我国还举办了多场视频会议，互通抗疫信息，分享防控经验，交流诊疗方案，比如 3 月 13 日，中国同中东欧 17 国就新冠肺炎疫情举行防控专家视频会议，与包括捷克在内的各国公共卫生专家分享防控经验，供防疫实践参考。

省级层面，随着捷克疫情蔓延，浙江社会各界纷纷驰援捷克，政府机构、民间组织、企业和侨胞积极捐赠防疫物资，助力捷方抗击疫情。政府机构支援上，浙江省委统战部和省侨联联合捐赠口罩 5 万个，由捷克中国和平统一促进会和捷克青田同乡会向在捷华人华侨免费发放；宁波市委统战部和市侨联联合捐赠口罩 1.2 万个，委托中东欧经贸联合商会发放；青田县委统战部捐赠中药防疫冲剂，由捷克中欧工商联合会分发。民间组织支援上，成立捷克华人战"疫"志愿者联盟，开展紧急运送食品药品、分发物资、医疗咨询、翻译等服务工作；浙江至爱公益基金会联合温州高温青年社区捐赠防护用品，部分赠予捷克布杰约维采市的医院，部分赠予中国留学生、华人华侨及一些社会服务机构。医院和企业支援上，浙江省中医院、浙江省佐力百草医药有限公司、华东医药股份有限公司、浙江寿仙谷医药股份有限公司等捐赠了一批抗疫预防中药；丽水市中心医院开通"海外侨胞医疗服务直通车"，组织专家为侨胞提供线上医疗服务；在捷浙企大华向乌斯季州的养老院捐赠红外线检测设备。捷克外交部 4 月初称，浙江向布拉格中央陆军医院捐赠了 10 万个口罩、2 万台呼吸器以及 2000 件防护服。浙江温州与丽水青田是全国闻名的以旅居欧洲为主的侨乡，捷克华人华侨很大一部分来自浙江，且以温州与丽水青田人居多。据浙江省侨联统计数据，浙江在捷华人华侨中，90% 以上来自温州与丽水青田，因此这次捷克疫情支援尤以温州与丽水青田较为活跃。

中国（浙江）与捷克联合战"疫"历程让中（浙）捷关系更为紧密，为双方友谊注入新能量。当然也不可否认，这期间不乏各种不和谐因素，既有官方声音，又有媒体渠道，主要在于批评政府高价采购中国防疫物资、质疑中国医疗物资质量、华商囤积居奇等。比如在驰援欧洲过程中，一批浙江青田捐赠欧洲侨胞的口罩被捷克地方政府征用，捷克媒体报道声称华商囤积居奇。对于一些负面言论，捷克总统米洛什·泽曼（Miloš Zeman）、总理安德烈·巴比什（Andrej Babiš）及防疫工作相关负责人予以直接回驳或澄清声明，并高度评价中国抗疫成效，感谢中国在紧急关头向捷克提供防疫物资支援。

（三）"后疫情" 时期推进浙捷经贸合作的建议

对于"后疫情"时期经济复苏，中捷更需要同舟共济精神，在务实合作中深化双方关系。浙江完全有可能勇挑重担，积极发挥浙企、华侨华人和开放平台的作用，以"重要窗口"的使命担当，推动浙捷合作的生动实践。

1. 在捷浙企作为浙捷合作的重要载体

万向、华捷、新坐标、大华、炬华、正泰等浙江企业在捷克投资经营，多立足捷克、辐射欧洲，形成一批标杆项目，取得了较好成效。疫情期间，在捷浙企也面临特殊时期的项目执行或经营困难，随着捷克疫情形势日趋好转，在捷浙企逐步复工复产。"后疫情"时期，浙江在捷重点投资项目进入增资扩产关键期，亟须做实做细项目跟踪，精准服务建设进度，及时有效地为在捷浙企纾难解困。同时新兴投资领域也面临重大机遇期，重点关注汽车及零部件、纳米技术、生物医药、医疗器械、光学仪器等捷克优势特色产业领域企业的生产经营状况，加强浙捷科技合作。

2. 浙江籍华人华侨作为浙捷合作的重要力量

"广泛团结联系海外侨胞和归侨侨眷，共同致力于中华民族伟大复兴"是党的十九大确立的重大战略思路，也是新时代中国改革开放再出发的必然选择。作为改革开放先行区，浙江勇于开拓、敢闯敢拼，在世界各地造就了独具特色的浙江籍华侨华人群体，是"跳出浙江发展浙江"的一个典范。浙江籍华人华侨是中东欧"17+1 合作"中一支重要的经济力量，是浙捷合作中不可或缺的活跃因素，不仅提供重要智力支撑，而且起到桥梁纽带作用。第一代在捷浙江籍华人华侨已经积累了丰富的华商网络资源和雄厚的资金基础，随着第二、第三代知识水平的升级，在捷新生代华人华侨对主流领域创新创业、回归参与投资贸易有较强的欲望，契合浙捷双方发展需求。

3. 开放平台作为浙捷合作的重要支撑

从国家级开放大平台看，浙江拥有舟山自贸区、宁波"17+1"经贸合作示范区、10 个跨境电商综合改革试验区（基本实现除舟山外省域全覆盖）、义乌国际贸易综合改革试验区、长三角一体化等当前我国体制机制创新最为活跃的开放平台。从会展布局看，"中国－中东欧国家博览会"是目前唯一聚焦中国－中东欧合作的国家级涉外机制性展会，义乌中国进口商品城、青田县侨乡进口商品城、平湖·国际进口商品城等一批进口商品展示交易中心形成规模。从在捷开放平台看，"一带一路"捷克站成为浙江省级境外经贸合作区。在新的历史方位下，上述一系列开放平台的战略布局将在浙捷合作中发挥重要作用，给双方"后疫情"时期经济复苏和融合"升级"提供重要支撑。

发展篇

2019 年捷克经济发展情况分析与趋势预测

内 容 提 要

◆ 2019 年捷克经济发展概况

2019 年，捷克经济增长不及预期，增速创 5 年新低。当年捷克 GDP 总值达到 57486.68 亿捷克克朗（折合 2506.61 亿美元），人均 GDP 达到 23493.65 美元，全年 GDP 实际增长 2.3%，为近 5 年最低水平。工业尤其是制造业对捷克 GDP 贡献最大，特别是汽车制造、机械设备、金属制品等行业。

2019 年，内需仍是捷克经济增长的重要引擎，贡献率高达 98.1%，其中家庭消费依然强劲，驱动力较足。2019 年捷克货物进出口贸易较 2018 年有所回落，增速由正转负。70%以上货物贸易在欧盟范围内开展，贸易国别集中度高。机械和运输设备是捷克主要贸易大类，贸易商品集中度高。通货膨胀和财政赤字走高，宏观经济政策收紧承压。

◆ 捷克经济发展趋势预测

2020 年，受新冠疫情及各种封禁措施影响，捷克经济陷入衰退，其增速会大幅下行，预计全年 GDP 萎缩 8.2%。在各项经济刺激政策持续发力及 2020 年基数较低的背景下，2021 年捷克经济增速将有所回升，预计增长 3.5%，但仍难恢复至疫情前水平，经济复苏进程缓慢。

2020 年捷克经济增长的有利因素主要包括经济复苏基础较好、投资发展支撑有力、经济刺激政策利好等；不利因素主要包括外需乏力且不确定、国内细分市场低迷、劳动力流动受制约等。

捷克 2019 年经济增长不及预期,增速创 5 年新低,增长 2.3%; 2020 年受新冠疫情及各种封禁措施影响,经济陷入衰退,增速将大幅下行,预计萎缩 8.2%。内需仍是捷克经济增长的重要引擎,其中家庭消费是一大动力,投资发展有后劲支撑。外需乏力且充满不确定性,国际贸易、国际投资疲软。细分市场领域面临供需两端双重削弱挑战,存在阶段性发展困难。疫情持续时间和政策应对有效性是重要变量,贸易保护主义升级、中美关系走向低谷、英国脱欧等各类外部风险因素增加难度系数,捷克经济复苏将可能持续较长时间。

一、2019 年捷克经济发展概况

(一)2019 年捷克经济增长不及预期,增速创 5 年新低

2019 年,捷克 GDP 总值达到 57486.68 亿捷克克朗(按年平均汇率 22.934 折合 2506.61 亿美元,下同),实际增长 2.3%,低于捷克财政部 2.5% 和央行 2.6% 的全年预期,较 2018 年下滑 0.9 个百分点,增幅为近 5 年来最低水平(如图 2-1 所示)。2019 年年中人口规模为 1066.93 万人,全年人均 GDP 达到 23493.65 美元,是同年中国人均 GDP 的 2.3 倍,浙江的 1.5 倍。

分季度看,2019 年一季度捷克 GDP 同比实际增长 2.5%,为过去 10 个季度中的最低增速;二季度 GDP 同比实际增长率进一步放缓至 2.1%;三季度受家庭消费和资本支出增长驱动,GDP 有所改善,同比实际增长率回升至 3.0%;四季度 GDP 表现疲软,同比实际增长率再度回落至 1.7%,创近 5 年

季度增长最低水平。作为开放型经济体，捷克经济表现与其最大的贸易伙伴德国经济发展情况密切相关。据德国联邦统计局数据，2019 年二季度以来德国经济陷入停滞，全年经济增长仅为 0.6%，为 2013 年以来最低增速。

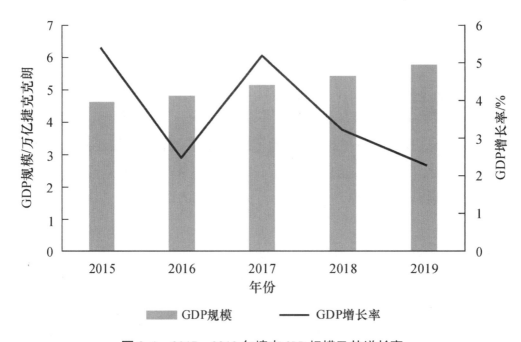

图 2-1　2015—2019 年捷克 GDP 规模及其增长率

（数据来源：捷克统计局）

注：GDP 规模是当年价格数据，增长率是按 2015 年不变价格数据，下同。

分行业看，工业尤其是制造业占捷克 GDP 份额最大，与其工业基础相一致。2019 年，捷克工业生产总值为 15155.91 亿捷克克朗（折合 660.85 亿美元），占 GDP 的比重达 26.4%，其中制造业创造产值 12865.47 亿捷克克朗（折合 560.98 亿美元），占 GDP 的 22.4%，具体来看，汽车制造、机械设备、金属制品等行业贡献较大（见图 2-2）。紧随其后的依次是批发零售、交通运输、住宿和餐饮业，公共管理、教育、卫生和社会工作，分别占 GDP 的 16.8% 和 13.9%。与 2018 年相比，建筑业，信息通信业，房地产业，专业科技、管理服务业，公共管理、教育、卫生和社会工作这 5 个行业在 2019 年 GDP 中的占比均有所提高。

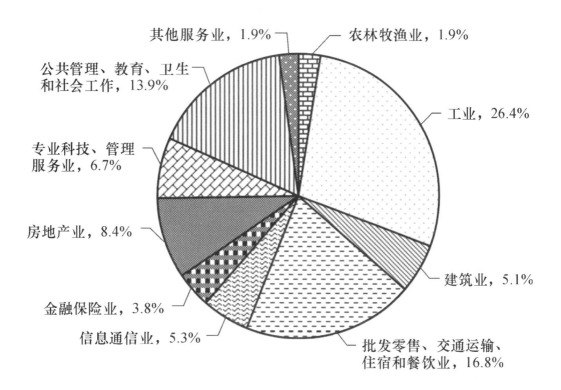

图 2-2　2019 年捷克 GDP 行业分布

（数据来源：捷克统计局）

注：工业包括采矿业、制造业以及电力、热力、燃气及水的生产和供应业。

（二）内需对经济增长贡献度高，家庭消费驱动力仍较足

内需是捷克经济增长的重要引擎。如表 2-1 所示，2019 年，捷克国内需求规模为 54022.84 亿捷克克朗（折合 2355.58 亿美元），实际增长 2.5%，对 GDP 增长的贡献率高达 98.1%。

消费方面，家庭消费需求依然强劲，政府消费需求增长减缓。2019 年，捷克消费支出总额达到 38548.12 亿捷克克朗（折合 1680.83 亿美元），实际增长 2.8%，占 GDP 总额的 67.1%。其中，家庭消费支出达到 26703.41 亿捷克克朗（折合 1164.36 亿美元），占消费支出总额的 69.3%，实际增长 2.9%；政府消费支出 11346.57 亿捷克克朗（折合 494.75 亿美元），实际增长 2.3%，较

2018 年下降 1.5 个百分点。从贡献度看，全年消费支出总额对 GDP 增长的贡献率达 80.0%，比 2018 年提高 6.3 个百分点，为近 3 年最高贡献率，拉动 GDP 增长 1.9%，其中家庭消费支出的贡献率为 58.7%，比 2018 年提高 10.6 个百分点，拉动 GDP 增长 1.4%。据捷克统计局发布的经济信心指数月度数据，2019 年消费者信心指数月度平均值达 110.1，虽然低于 2018 年的 116.9，但仍处于较高水平。

表 2-1　2019 年捷克国内需求对 GDP 贡献情况

需求项目	规模/亿捷克克朗	增长率/%	贡献率/%
国内需求总额	54022.84	2.5	98.1
●消费支出	38548.12	2.8	80.0
▲家庭消费支出	26703.41	2.9	58.7
▲政府消费支出	11346.57	2.3	18.2
●资本形成	15474.72	1.5	17.8
▲固定资本形成	15069.14	2.2	24.7

（数据来源：捷克统计局）

注：贡献率是按 2015 年不变价格需求增量与 GDP 增量之比计算所得。

投资方面，投资需求增速放缓明显，经济增长贡献大幅度下降。2019 年，捷克资本形成总额为 15474.72 亿捷克克朗（折合 674.75 亿美元），实际增长 1.5%，较 2018 年下滑 6.2 个百分点。其中，固定资本形成 15069.14 亿捷克克朗（折合 657.07 亿美元），实际增长 2.2%，较 2018 年下滑 7.8 个百分点。机械设备、建筑物、知识产权产品是固定资本形成的主要类别，三类占据总资本形成的 80.2%，超过 4/5。从贡献度看，新增投资总额对 GDP 增长的贡献率为 17.8%，为近 3 年最低贡献率，其中固定资本形成的贡献率为 24.7%，远低于 2018 年的 78.9%，拉动 GDP 增长 0.6%。

（三）进出口增速由正转负，贸易国别和商品集中度高

2019 年，受中美贸易战、英国脱欧等外部不确定性因素影响，捷克货物进出口贸易额较 2018 年有所回落，增速由正转负。如图 2-3 所示，2019 年，捷克全年实现货物进出口贸易总额 3788.18 亿美元，同比下降 2.3%。其中，出口 1994.17 亿美元，同比下降 1.6%；进口 1794.01 亿美元，同比下降 3.1%。贸易顺差 200.16 亿美元，同比增长 13.4%，较 2018 年有所扩大。回顾过去几年，捷克货物进出口贸易发展速度较快，增速高于 GDP 年均增速（3.3%）。2015—2019 年，捷克货物进出口贸易额从 2992.47 亿美元增加至 3788.18 亿美元，年均增长 6.1%。其中，出口从 1578.80 亿美元增加至 1994.17 亿美元，年均增长 6.0%；进口则从 1413.66 亿美元增加至 1794.01 亿美元，年均增长 6.1%。

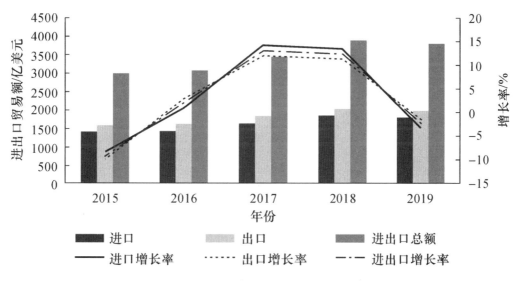

图 2-3　2015—2019 年捷克进出口贸易规模及其增长率

（数据来源：捷克统计局）

贸易国别方面，捷克 70% 以上的货物贸易在欧盟内开展。2019 年，捷克对欧盟（28 国，统计数据仍包含英国）的出口额为 1667.62 亿美元，占其出口总额的 83.6%；自欧盟（28 国）的进口额为 1120.62 亿美元，占其出口总额的 62.5%。具体国别来看，德国是捷克的传统贸易市场，双方贸易额占捷克货物进出口贸易总额的比重超过 1/4。2019 年，捷克出口目标国前 5 位依

次为德国（31.8%）、斯洛伐克（7.6%）、波兰（6.0%）、法国（5.1%）和英国（4.5%）；进口来源国前 5 位依次为德国（24.7%）、中国（15.8%）、波兰（7.5%）、斯洛伐克（4.4%）和意大利（4.1%）。中国是捷克第 17 位出口目标国和第 2 位进口来源国，全年捷克向中国出口货物 24.71 亿美元，同比减少 4.4%；自中国进口货物 282.94 亿美元，同比增长 8.6%；贸易逆差达 258.23 亿美元，连续第 3 年增长，增长额较 2018 年有所收窄。

贸易商品方面，机械和运输设备是捷克主要贸易大类。2019 年捷克前 10 位出口商品如表 2-2 所示，合计出口额占同期捷克出口总额的比重近 70%，产品集中度高。7 项属于机械和运输设备类别，其中 5 项机械和运输设备类商品占据出口前 5 位，合计出口占比超一半。首位出口商品一定程度上体现了汽车工业在捷克国民经济中的重要地位。据捷克汽车工业协会发布数据，2019 年捷克汽车产量为 142.76 万辆，在中东欧国家中排名第一，汽车工业在捷克工业生产和出口中的占比均超过 20%，研发投资占比达 1/3。

表 2-2　2019 年捷克出口前 10 位商品

序号	商品名称	所属大类	金额（亿美元）	占比（%）
1	陆路车辆（包括气垫式）	机械和运输设备	403.22	20.2
2	电力机械、器具及其电气零件	机械和运输设备	189.39	9.5
3	电信及声音的录制及重放装置设备	机械和运输设备	157.26	7.9
4	办公用机械及自动数据处理设备	机械和运输设备	153.51	7.7
5	通用工业机械设备及零件	机械和运输设备	138.99	7.0
6	杂项制品	杂项制品	103.95	5.2
7	金属制品	按原料分类的制成品	93.32	4.7
8	特种工业专用机械	机械和运输设备	54.94	2.8
9	动力机械及设备	机械和运输设备	47.82	2.4
10	钢铁	按原料分类的制成品	46.18	2.3

（数据来源：捷克统计局）

注：贸易商品按照 SITC 二位数编码进行分类，下同。

2019 年，捷克前 10 位进口商品如表 2-3 所示，合计进口额占同期捷克进口总额的 60.5%，进口产品集中度不及出口产品集中度，但仍处于较高水平。6 项属于机械和运输设备类别，其中 5 项机械和运输设备类商品占据进口前 5 位，合计进口占比达 41.2%。进、出口前 10 位商品中 9 项重叠，其中前 5 项高度一致，可见捷克产业内贸易比重大，尤其是机械和运输设备类商品的进出口频繁。对中国而言，2019 年捷克向中国主要出口机械设备以及纸浆、木材等原材料产品，自中国主要进口机械设备以及服装、金属制品等劳动密集型产品。

表 2-3　2019 年捷克进口前 10 位商品

序号	商品名称	所属大类	金额（亿美元）	占比（%）
1	电力机械、器具及其电气零件	机械和运输设备	187.27	10.4
2	陆路车辆（包括气垫式）	机械和运输设备	181.31	10.1
3	电信及声音的录制及重放装置设备	机械和运输设备	157.98	8.8
4	办公用机械及自动数据处理设备	机械和运输设备	119.40	6.7
5	通用工业机械设备及零件	机械和运输设备	93.86	5.2
6	杂项制品	杂项制品	80.95	4.5
7	金属制品	按原料分类的制成品	71.08	4.0
8	钢铁	按原料分类的制成品	70.85	3.9
9	石油、石油产品及有关材料	矿物燃料、润滑油及有关原料	62.90	3.5
10	动力机械及设备	机械和运输设备	60.75	3.4

（数据来源：捷克统计局）

（四）通货膨胀和财政赤字走高，宏观经济政策收紧承压

如图 2-4 所示，2019 年捷克通货膨胀率为 2.8%，较 2018 年上升 0.7 个百分点，是捷克近 11 年来通胀率较高的一年，仅低于 2012 年的 3.3%，其主要原因在于 2019 年捷克住房、食品、医疗保健、教育、餐饮和住宿等价格上涨。自 2017 年通货膨胀率超过目标值 2.0%以来，捷克央行不断加息以抑制通货膨胀率继续上涨。2019 年 5 月，捷克央行将两周回购利率、伦巴德利率和贴现率分别提高至 2.0%、3.0%和 1.0%，并预测经济逐渐放缓，维持上述利率至 2019 年底不变。

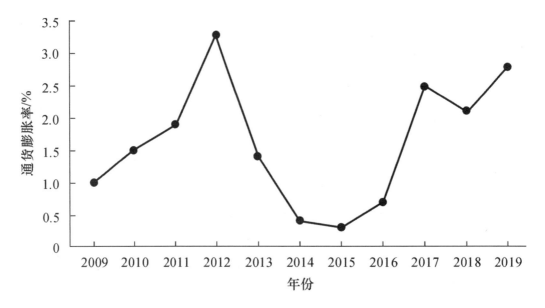

图 2-4　捷克通货膨胀率变化

（数据来源：捷克统计局）

2019 年捷克财政赤字达 285.15 亿捷克克朗（折合 12.4 亿美元），财政状况为近 4 年最差——当年其财政收入为 15232 亿捷克克朗（折合 664.2 亿美元），财政支出为 15517 亿捷克克朗（折合 676.6 亿美元）。2020 年捷克预算案中，全年预算赤字为 400 亿捷克克朗，预算收入为 15783 亿捷克克朗，预算支出为 16183 亿捷克克朗。预算优先用于提高养老金、教师工资、家庭福利等事项。值得注意的是，捷克是欧洲负债最少的国家之一，2019 年捷克政府债务为 16401.85 亿克朗（折合 715.18 亿美元），占 GDP 的比重为 28.5%，比 2018 年低 1.5 个百分点，为连续第 7 年下降。

二、捷克经济发展趋势预测

（一）总体趋势

受新冠疫情及各种封禁措施影响，2020 年捷克经济陷入衰退，其增速会大幅下行（见表 2-4）。捷克央行 2020 年 8 月的最新预测数据显示，2020 年捷克经济预计萎缩 8.2%，较 5 月的预测值下调 0.2 个百分点，面临 1993 年建国以来最严重衰退；2021 年 GDP 将增长 3.5%，较前期预测值下调 0.5 个百分点。此前多家机构对 2020 年捷克经济增长进行了不同程度的预测，欧盟委员会 7 月发布的夏季经济预测报告中预测 2020 年捷克经济将下降 7.8%，国际货币基金组织 6 月发布的世界经济展望报告预测下降 6.5%，捷克财政部 4 月预测下降 5.6%，德勤 3 月预测下降约 10.0%。

表 2-4　捷克 GDP 增速最新预估调整（2018—2021 年）

年份	2018 年	2019 年	2020 年	2021 年	2020 年	2021 年
			最新预测		前期预测	
GDP 增速（%）	3.2	2.3	−8.2	3.5	−8.0	4.0

（数据来源：捷克统计局、捷克央行）

注：2018 年和 2019 年数据为捷克统计局数据；2020 年和 2021 年数据为捷克央行预测数据，其中最新预测数据为 2020 年 8 月预测数据，前期预测数据为 2020 年 5 月预测数据。

2020 年一季度捷克 GDP 同比下降 1.7%，环比下降 3.3%，为 2013 年二季度以来最大降幅；二季度同比下降 10.7%，环比下降 8.4%，为 1993 年以来最大跌幅。随着 5 月相关防疫管控措施逐步放松，三季度经济有望复苏，但复苏会持续较长时间。如图 2-5 所示，2020 年前 4 个月捷克经济信心指数连续下跌，自 4 月暴跌 20 点后开始连续反弹，7 月回升至 86.7 点，但仍远低于长期平均水平。其中，消费者信心指数 7 月为 96.0 点，比 6 月增长 2.7 点，但比 1 月仍低了 8.8 点；工业信心指数 7 月上升最多，大幅增长 19.8 点至 89.8 点，但仍不及 1 月；建筑业信心指数从 1 月的 123.9 点连续下降至 6 月的 102.4 点后，7 月小幅回升至 103.0 点；贸易信心指数成 7 月唯一下降分指数，下降 2.6 点至 89.5 点。随着疫情的有效控制并配合一系列经济刺激政策的支持，三季度经济下降幅度将会有所收窄，但 2020 年全年经济复苏仍较乏力。在各项经济刺激政策持续发力及 2020 年基数较低的背景下，2021 年捷克经济增速将有所回升，但仍难恢复至疫情前水平，经济复苏进程缓慢。

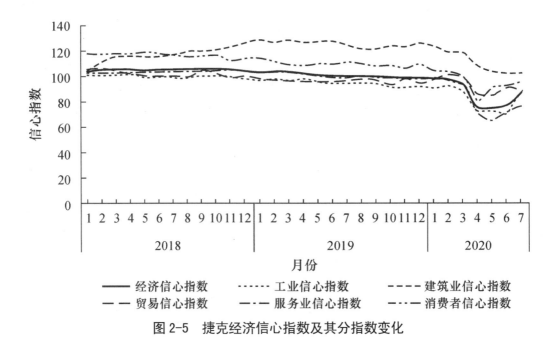

图 2-5　捷克经济信心指数及其分指数变化

（数据来源：捷克统计局）

（二）有利因素

1. 经济复苏基础较好

捷克是欧盟最早出台防疫防控措施的国家之一，也是中东欧地区首个宣布放松管制的国家。较早控制住疫情为捷克重新开放市场取得先机，有助于经济更快复苏。高纬环球发布的《2020 全球制造业指数》最新报告对 48 个全球主要制造业目的地的运营条件、制造成本、风险构成等方面的指标进行了评估排名。结果显示，鉴于战略性地理位置、地缘政治风险低以及综合运营成本优势，捷克排名第 4 位（前 3 位依次是中国、美国和印度），在欧洲排名第 1 位，为最适合发展制造业的欧洲国家。报告还对新冠疫情背景下各国制造业的复苏能力进行预测评估，结果表明中国等 5 个亚太地区国家在最有条件重启制造业国家排名中位列第一梯队，捷克位列第二梯队。瑞士洛桑国际管理学院发布的《2020 年全球竞争力报告》对全球 63 个国家和地区的经济表现、政府效能、商业效能、基础设施等方面的指标进行了评估排名。结果显示，捷克排名第 33 位，为中东欧地区最具竞争力的国家，但存在基础设施、劳动力市场、数字化程度等方面的不足。为了夯实优势基础和补齐短板弱项，捷克政府积极谋划中长期经济发展战略，2020 年 1 月已批准一份关于至 2030 年国家经济战略要点的文件，侧重工业、建筑和原材料，交通运输，能源，教育和劳动力市场，商业和贸易，研发、创新和数字化，地区、农村和农业，医疗保健等 8 个重点领域，主要目标就是到 2030 年使捷克成为世界最具竞争力的 20 个经济体之一。

2. 投资发展支撑有力

自 2018 年《数字捷克 2.0 规划——数字经济之路》和 2019 年《未来之国：捷克共和国创新战略（2019—2030）》发布以来，捷克政府着力规划相应项目计划和基金，为投资持续增长提供有力支撑。2019 年 9 月 6 日起实施新的投资鼓励政策，更关注高科技和高附加值的投资项目。2020 年 6 月，捷克政府批准了"2020—2021 年数字捷克项目实施计划"，预计支出 24.7 亿捷克克朗（约合 1 亿美元），首要目标是实现政府数字化服务。捷克政府正在制订未来 30 年国家投资计划，涉及项目超过 2 万个，投资额为 8 万亿捷克克朗（约合 3443 亿美元），其中交通基础设施项目占 75%。同时，捷克政府筹备设立国家发展基金，旨在为促进捷克社会和经济发展的投资项目提供资金。初始阶段，捷克四大商业银行会向该基金投入 70 亿捷克克朗，前期项目以基础设施、教育和卫生保障为重点，包括 PPP 模式投资项目。此外，捷克总统米洛什·泽曼在捷克抗疫期间表示，为解决此次经济危机，国家应把重点放在投资上，其中最有效的投资是运输和住房建设。捷克总理安德烈·巴比什在参加欧盟峰会后表示，捷克将从欧盟新冠经济复苏基金中获得 87 亿欧元的补贴，

加上欧盟 "2021—2027 年多年期财政框架" 中 270 亿欧元的预算，意味着捷克将在未来 7 年从欧盟基金中获得 357 亿欧元。捷克计划使用欧盟基金重点支持汽车工业、医疗保健和数字化领域投资，这将助力捷克经济恢复和发展。

3. 经济刺激政策利好

为应对疫情冲击，捷克迅速采取积极的财政政策和扩张性货币政策支持经济。财政政策方面，2020 年捷克三次上调修正年度财政预算赤字，3 月由年初预计的 400 亿捷克克朗提高至 2000 亿捷克克朗，4 月提高至 3000 亿捷克克朗，6 月再次上调至 5000 亿捷克克朗，创历史纪录，此前最高预算赤字为 2009 年的 1924 亿捷克克朗。其中，预算收入下降 2133 亿捷克克朗至 13650 亿捷克克朗，预算支出增加 2467 亿捷克克朗至 18650 亿捷克克朗。据捷克财政部发布的数据，截至 2020 年 6 月，捷克财政赤字达 1952 亿捷克克朗。其中，财政收入为 6997 亿捷克克朗，同比减少 442 亿捷克克朗；财政支出为 8949 亿捷克克朗，同比增加 1304 亿捷克克朗。政府为应对疫情影响而采取的直接措施支出为 865 亿捷克克朗，购买防护设备、为部分医院支付国家保险费用和债务清偿的支出为 214 亿捷克克朗，以贷款担保形式提供的援助为 326 亿捷克克朗。2020 年上半年捷克政府债务总额为 2.16 万亿捷克克朗，同比增加了 5167 亿克朗，主要原因为弥补预算赤字缺口而发行政府债券。货币政策方面，自 2017 年以来 9 次加息后，疫情暴发以来捷克央行先后于 2020 年 3 月、5 月降息，两周回购利率下调至 0.25%，重回 2012 年低息水平，这有利于降低贷款成本，刺激投资和消费意愿，提振经济复苏。

（三）不利因素

1. 外需乏力且不确定

世界经济呈现缓慢且脆弱的复苏态势，贸易投资需求疲软，不确定性较高。国际货币基金组织预计，2020 年全球经济萎缩 4.9%，为大萧条以来最严重衰退；主要发达经济体全年增速将大幅下滑，美国、英国、欧元区将分别下滑 8%、10.2%、10.2%，其中捷克第一大贸易市场德国 2020 年 GDP 将下滑 7.8%。世界贸易组织 6 月更新全球展望报告，预计 2020 年全球商品贸易将急剧下滑 13%；据初步统计，全球商品贸易一、二季度分别同比下降 3%、18.5%。联合国贸易和发展会议 6 月发布《世界投资》报告预计，2020 年全球跨国直接投资（FDI）流量将不足 1 万亿美元，同比下降 40%，为 2005 年以来最低水平；2021 年将进一步下降 5%—10%，2022 年开始复苏。在世界经济全面衰退的背景下，各国投资、消费需求普遍疲软，捷克外需市场复苏乏力且充满不确定性，主要取决于疫情持续时间和政策应对有效性。另外，贸易保护主义升级、中美关系走向低谷、英国脱欧等外部不稳定因素短期内不会发生根本改变，将构成连带影响，增加捷克经贸复苏难度。

2. 国内细分市场低迷

限制人员流动的防疫措施给国际运输、国际旅游带来直接打击，全年受到影响，捷克国内汽车制造、旅游业等细分市场低迷可能持续更长时间。以捷克经济支柱产业汽车工业为例，疫情期间，捷克斯柯达汽车公司、韩国现代汽车公司、丰田标致雪铁龙汽车公司等汽车生产企业均停工停产，造成巨大经济损失。据捷克汽车工业协会发布的数据，2020 年上半年捷克乘用车产量为 503615 辆，同比下降 32.6%，其中斯柯达汽车、现代汽车、丰田标致雪铁龙汽车产量分别下降 28.2%、40.0%、40.3%，并预计全年产量将恢复至疫情前的 60%—90% 的水平。停工时间最长的月份 4 月单月产量同比降幅达 88.5%。据捷克汽车进口商协会数据，2020 年上半年捷克乘用车销量为 95029 辆，同比下降 26%，其中 4 月降幅最大，为 76.3%。受疫情影响，汽车工业供需两端均显著减少，市场缩水严重，面临供给侧重构供应链产业链、需求侧重塑消费信心双重挑战，存在一定的阶段性困难。

3. 劳动力流动受制约

疫情防控措施对劳动力流动的限制，使得捷克劳动力市场的用工紧缺问题有所加重，面临就业人数下降、工资水平上涨的局面。捷克统计局发布的数据显示，2020 年一、二季度捷克就业人数分别同比下降 0.9%、2.1%，为 2014 年以来首次下降；月平均工资自 2019 年创历史新高 34111 捷克克朗（折合 1487 美元）以来，2020 年一季度达到 34077 克朗（约合 1459 美元），同比实际增长 1.4%。欧盟统计局发布的数据显示，捷克失业率自 2019 年创历史新低 2.0%以来，一直保持该水平至 2020 年 4 月，直至 5 月、6 月分别小幅上升至 2.4%、2.6%，仍为欧盟内失业率最低的国家。即使在疫情期间，失业率也没有明显恶化，这在一定程度上得益于政府及时采取的企业补救措施，也表明劳动力紧缺的现实。为应对劳动力短缺问题，捷克大量引入外来劳动力，2019 年底政府还决定增加 1 倍乌克兰劳工配额以缓解劳动力不足，然而受疫情蔓延影响该决定未能顺利实施。

专题篇

捷克制造业发展分析

内容提要

◆ 捷克制造业发展现状

捷克制造业规模居各行业之首，其增加值占 GDP 比重一直维持在 20% 以上，对经济增长形成强有力的支撑。从行业结构看，捷克制造业聚焦发展汽车制造、机械设备、电气电子等高技术行业领域，其中汽车制造优势突出，增加值规模占到制造业的 1/5 以上，增量贡献近 1/3。从贸易结构看，捷克制造业高度依赖国际贸易，约 85% 以上产出用于出口，具有相当的国际竞争力，且贸易国别和贸易商品高度集中。从数字化进展看，捷克政府重视现代技术和服务，积极引导数字经济发展，让数字化变革推动制造业的升级。

◆ 捷克制造业发展展望

制造业是捷克经济的重要驱动力，具有独特的发展优势，主要体现在技术创新优势、政策环境优势和综合成本优势等。同时，捷克制造业也面临着不少问题和挑战，主要体现为劳动力短缺、劳动生产率偏低和企业利润率下滑等。为提高在第四次工业革命中的竞争力，捷克提出"工业 4.0 倡议"，致力于提高制造业的自动化、智能化和数字化水平，助力其经济转型升级。现阶段，国际市场需求疲弱使捷克经济严重受阻，制造业首当其冲。新冠疫情成为当前捷克制造业复苏面临的最大威胁。此外，贸易保护主义升级、英国脱欧、中美关系、欧美贸易关系等也将加大不确定性，因此，未来捷克制造业的发展在很大程度上受外部国际环境影响。

捷克工业历史悠久，是传统的工业国家。制造业在捷克国民经济中占据重要地位，对经济增长、技术进步和就业增加等做出了积极贡献。作为欧盟成员国，捷克主张自由贸易政策，制造业在国际市场上具有一定的竞争力，尤其在汽车制造、机械设备、电气电子等领域。2019 年，捷克制造业出口占其产出的 85% 以上，货物贸易出口的 90% 以上，是贸易顺差重要来源。捷克制造业具备技术创新、政策环境和综合成本等方面的优势，同时也面临着劳动力短缺、劳动生产率偏低和企业利润率下滑等问题。2020 年，受新冠疫情影响，捷克经济因国内外需求疲弱而严重受阻，制造业生产和贸易将大幅萎缩，在此期间需关注各类外部风险因素。

一、捷克制造业发展现状

（一）制造业规模居各行业之首

捷克是传统工业国家，制造业在国民经济中占据重要地位，为捷克经济做出了重要贡献。如图 3-1 所示，2010—2019 年，捷克制造业增加值从 8368.93 亿捷克克朗（折合 437.91 亿美元）提升至 12865.47 亿捷克克朗（折合 560.98 亿美元）。按 2015 年不变价格计算，年均增长 3.8%，比同期 GDP 年均增长水平（2.4%）高 1.4 个百分点，占 GDP 比重一直维持在 20.0% 以上，居各行业之首，对 GDP 增长形成强有力的支撑。最近 10 年，捷克工业中制造业占比呈不断上升态势，增加值比重从 2010 年的 78.2% 逐步提升至 2019 年的 84.9%。2019 年，捷克制造业增加值同比实际增长 3.1%，占全年 GDP 总值的 22.4%；拥有企业超过 18 万家，绝大多数为中小微企业；从业人员超过 131 万人，贡献了总就业人数的 28.1%，超过 1/4，保持着行业最大雇主的地位。据欧盟统计局数据，2019 年捷克制造业产量指数达 114.9，高于欧盟国家平均水平（106.1）。

图 3-1　2010—2019 年捷克制造业增加值及其占 GDP 比重

（数据来源：捷克统计局）

（二）聚焦发展高技术行业领域

从增加值规模看，2019 年捷克制造业前 10 位行业如图 3-2 所示，合计增加值占全年 GDP 总值的 79.2%。其中，汽车制造业是制造业第一大类，2019 年增加值规模达 2712.31 亿捷克克朗（折合 118.27 亿美元），占制造业比重为 21.1%。紧随其后的依次是金属制品业（机械设备除外）、未另列明的机械和设备制造业，增加值占制造业比重分别为 11.7%、8.5%，与第一大类汽车制造业差距较大。过去 10 年，制造业整体结构变化不大，前 10 大行业合计增加值占比稳定在 78% 左右，但内部结构分化明显，各行业占比变化有所差异。其中，汽车制造业占比上升最快，从 2010 年的 17.9% 上升到 2019 年的 21.1%，增长 3.2 个百分点，其次是金属制品业（机械设备除外）、化学原料和化学制品制造业占比分别增长 1.3 个百分点、0.9 个百分点；食品制造业占比下滑最快，从 2010 年的 6.4% 降低到 2019 年的 5.3%，减少 1.1 个百分点，其次是未另列明的机械和设备制造业占比下滑 1.1 个百分点。

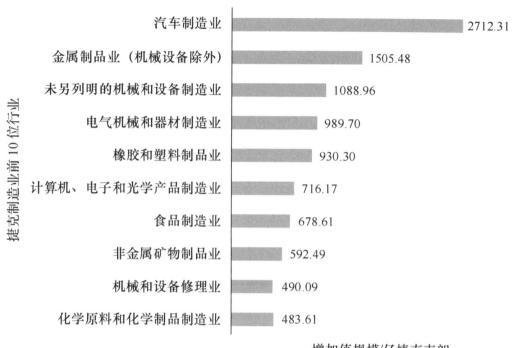

图 3-2　2019 年捷克制造业增加值规模前 10 位行业

（数据来源：捷克统计局）

注：捷克制造业细分行业按照 CZ-NACE 进行分类，主要包括食品、饮料、烟草、纺织、皮革、木材加工、化工、药品、橡胶、冶金、电子、机械、汽车、家具等 24 个二级行业，下同。

从增量贡献看，2010—2019 年捷克制造业增长贡献前 10 位行业如表 3-1 所示，合计增量贡献高达 95.5%，其中机械设备类超过 60%。汽车制造业对制造业增加值增量贡献最大，为 32.2%，占近 1/3。其次是金属制品业（机械设备除外），电气机械和器材制造业，计算机、电子和光学产品制造业，增量贡献均超过 10%。

从实际增速看，2010—2019 年，按 2015 年不变价格计算增加值年均增长最快的是化学原料和化学制品制造业（7.0%），比制造业年均增速高 3.2 个百分点。其次是计算机、电子和光学产品制造业，电气机械和器材制造业，汽车制造业，增加值分别年均增长 6.4%、6.4%、5.5%。上述增长快速行业均

属于高技术含量领域,而纺织服装类劳动密集型行业增加值增速呈下降趋势,
2019 年纺织业、皮革及相关制品制造业增加值分别下滑 5.8%、7.9%,这在
一定程度上也反映出捷克劳动力紧缺问题。

表 3-1 2010—2019 年捷克制造业增加值增量贡献前 10 位行业

序号	行业名称	增量贡献	序号	行业名称	增量贡献
1	汽车制造业	32.2%	6	橡胶和塑料制品业	5.9%
2	金属制品业 （机械设备除外）	12.5%	7	未另列明的机械 和设备制造业	4.7%
3	电气机械和 器材制造业	12.5%	8	食品制造业	3.9%
4	计算机、电子和 光学产品制造业	10.6%	9	非金属矿物制品业	3.1%
5	化学原料和 化学制品制造业	7.0%	10	其他制造业	3.1%

（数据来源：捷克统计局）

注：增量贡献是按照 2015 年不变价格各行业增加值增量与制造业增加值增量之比计算
所得。

综合增加值规模、增量贡献和实际增速三个方面,汽车制造、金属制品、
机械设备、电气电子、医药化工等是捷克制造业的优势行业,多为高科技、
高附加值领域。

1. 汽车制造业

汽车制造业是捷克国民经济的支柱产业,捷克代表性的汽车整车生产企
业包括：斯柯达汽车公司、丰田标致雪铁龙汽车公司和韩国现代汽车公司。
据捷克汽车工业协会发布的数据,2019 年捷克乘用车产量达 142.76 万辆,其
中斯柯达产量稳居第一位,达 90.79 万辆,同比增长 2.5%,韩国现代、丰田

标致雪铁龙产量分别为 30.95 万辆、21 万辆。据捷克汽车进口商协会数据，2019 年捷克汽车销量 24.99 万辆，同比下降 4.4%，其中斯柯达销量达 85895 辆，同比增长 2%。此外，捷克拥有汽车零部件制造供应商数百家。全球汽车零部件企业 50 强中有一半在捷克投资。捷克已拥有以零件、部件、终端产品为主的汽车产业链，由斯柯达集团龙头带动本地企业与外资企业彼此配套合作生产，是世界汽车制造、设计与研发集中程度最高的国家之一。为提高汽车产业整体竞争力，捷克投资局专门设立了汽车零部件供应商数据库（www.automotive.czechinvest.org）。2018 年，欧盟批准限制乘用车二氧化碳排放的法规，这对整个欧洲和世界汽车行业来说是一个转折点，但这也意味着混合动力和电动汽车的兴起，未来自动驾驶汽车系统的发展也尤为重要。汽车行业转型对制造商、供应链以及基础设施建设都是巨大考验。

2. 机械制造业

机械制造业历史悠久，基础雄厚，是捷克最重要的制造行业之一，涵盖了电力设备、化工设备、食品机械、建筑机械、农林机械、机床、矿山机械、冶金机械、橡胶塑料加工机械、纺织机械、印刷机械、皮革加工机械等。经过 10 多年的重组改造和外资引入，捷克机械制造业产品技术水平和质量提高显著。目前，捷克机床、电站设备、锅炉、矿山机械、食品机械、环保设备、纺织机械及军工产品等在国际上均有较强竞争力。其中，捷克的机床工业历史长达 150 多年，优良的质量和先进的设计使捷克机床在欧洲排名第 7 位，在世界排名第 12 位。捷克知名机床品牌有道斯凡斯多夫股份公司（Tos Varnsdorf）、斯柯达机床公司（Škoda）、Mas、Zps 和 Ždas 等。捷克机床和成型机企业信息可通过捷克机械技术协会的网站（www.sst.cz）查询。

3. 电气电子制造业

电气电子制造业是捷克最具竞争力的制造业之一，产品种类繁多，主要包括强电流电气技术，计算机，无线申、电视和通信设备，仪器和自动化设备四大行业。电气制造业占捷克制造业产出的 14% 以上，大部分行业产出主要出口至欧盟市场。富士康（Foxconn）、松下（Panasonic）、宏碁（Acer）、西门子（Siemens）等诸多国际知名企业均在捷克设立工厂和代表处。近年捷克计算机产业发展迅速，产品几乎全部销往跨国公司设在欧洲的分拨中心。富士康、大众（Fic）和华硕（Asus）三家企业每年在捷克生产计算机400多万台，使捷克成为欧洲最大的电脑生产国之一。

4. 制药业

制药业是极具发展潜力的产业，在全球范围内被视为极具重要性和较高研发投入的主要工业部门之一。捷克制药直到19世纪末才成为独立产业，经历了近几十年的高速发展，现已成为高附加值工业领域的高科技产业。由于药物研发的复杂性和高成本，主要研发者是生产原药的大中型企业和外资企业。捷克生产的治疗心血管疾病药物、化疗辅助药物处于世界先进水平，治疗癌症的生物技术也值得关注。捷克拥有完善的生物技术研究机构网络，其生物技术、分子生物学和医药研发中心主要分布在布拉格和奥洛莫茨、赫拉德茨-克拉洛韦、比尔森、布杰约维采、布尔诺等大城市。其中，布尔诺在心血管疾病和癌症研究领域颇负盛名，而且在当地政府的大力支持下，正发展成为捷克生物技术公司的枢纽。为应对新冠肺炎疫情大流行的不利影响，捷克政府对企业投资方向进行了一定的引导，鼓励对遏制病毒传播至关重要的行业优先投资，增加在医学和药物研究等领域的研发和支出。

5. 化工业

化工业是捷克最先进、发展最快的行业之一，在捷克经济中占有重要地位。化工业与其他制造业紧密关联，例如汽车、塑料和橡胶、纺织、电子、建筑、造纸业等，是重要的原材料输入供应商。捷克的化工工业高度发达，主要生产聚乙烯、聚丙烯、苯乙烯，是欧盟地区的最大供应商和生产商。制造业中的化学品是捷克最重要的产业之一，创新能力较强，出口潜力巨大。

6. 飞机制造业

飞机制造业在捷克有一百年的传统，优势在于其专业连续性和国际化。捷克是欧洲为数不多的能够自行开发和生产完整飞机及其零件的国家之一。同时，捷克航空业已成为空客和波音等大型全球公司供应链的一部分。捷克航空业业务主要分成两部分：第一部分是生产航空器整机，涉及适合地方与区域运输的小型飞机、教练机和轻型战斗机、运动飞机和农业飞机、超轻型飞机和滑翔机。捷克是欧洲仅次于德国的超轻型飞机生产国,全球售出的 1/4 的超轻型飞机产自捷克。第二部分是生产大型运输机和军用飞机及直升机的部件。捷克平均每年生产 550 架轻型飞机、运动飞机和 1400 个螺旋桨,且拥有完全知识产权,80% 以上产品出口,大部分出口到欧盟国家。中捷克州是捷克飞机制造业最集中的地区。捷克航空业规模最大的公司有沃赫迪航空(AERO Vodochody)、欧飞航空(Evektor-Aerotechnik)等公司。捷克自主研发并制造的"鲨鱼"轻型飞机享誉世界。飞机采用碳纤维环氧树脂复合材料作为机身,利用鲨鱼仿生学设计了酷似鲨鱼外形的流线,是超轻飞机级别内世界最快的飞机。

7. 纳米技术

捷克在世界纳米技术领域处于发展前列,不仅拥有中欧技术研究所(CEITEC)、先进技术与材料区域中心(RCPTM)、纳米材料与先进技术创新研究所(CXI)等一批实力雄厚的纳米科研机构,还形成了 Elmarco、Synpo、Crytur、Optaglio 等一批行业代表性企业。比如 Elmarco 公司于 2006 年实现了全球第一条静电纺丝纳米纤维生产线 Nanospider 的工业化运行,是世界上第一家工业量产纳米纤维生产设备的供应商,为捷克其他企业专业加工纳米纤维创造了条件,推动研发出了用于净化水和空气的滤膜和功能性纺织面料等高技术产品。在新冠疫情期间,捷克最大的口罩和防护设备供应商之一 Batist Medicalas 也将纳米技术应用到口罩制造中。纳米技术应用前景广阔,在机械、汽车、航空、电子、纺织、生物技术、表面处理与净化过滤等领域有着重要影响,是捷克外商投资优先领域。捷克纳米技术发展情况可详见网站 www.nanotechnologie.cz。

8. 玻璃与陶瓷业

玻璃与陶瓷业是捷克的传统产业之一,以其独特且质量顶尖的手工生产闻名全球。拥有约 150 家企业,主要以出口为导向,产品遍布全球 180 多个国家,其中大多数产品出口到欧盟。市场份额最大的产品是平板玻璃及其深加工产品,其次是玻璃包装、玻璃纤维生产和家用玻璃。捷克玻璃与陶瓷厂商是该行业最有影响力的厂商之一,关注环保,积极践行可持续发展理念,注重研发和投资现代化生产，开发玻璃和陶瓷制造的新技术、新工艺，不断简化生产流程并开拓新的出口市场。

9. 啤酒酿造业

啤酒酿造业在捷克食品行业占据重要地位。捷克第一家啤酒酿造厂建于1118年，拥有赫尔德（Herold）、伯纳德（Bernard）、皮尔森（Pilsner）等历史悠久的啤酒品牌。捷克当地气候适合培育啤酒花，人均啤酒消耗量居世界首位。捷克是啤酒生产和消费大国，其出口的主要对象是欧盟国家，尤其是斯洛伐克、德国、波兰。对欧盟国家的出口约占捷克啤酒出口总量的80%。

（三）高度依赖国际贸易

捷克于2004年加入欧盟，主张自由贸易政策，鼓励外国直接投资，深度参与区域和全球价值链，制造业在国际市场上拥有相当的竞争力。将捷克统计局对经济活动的行业分类CZ-NACE与国际贸易标准分类SITC进行对照，制造业主要包括SITC第5类化学产品及有关产品、第6类按原料分类的制成品、第7类机械和运输设备、第8类杂项制品（见图3-3）。按这四大类进行贸易统计，2019年捷克制造业全年实现进出口贸易3383.93亿美元，同比下降2.0%。其中，出口1828.18亿美元，同比下降1.5%；进口1555.75亿美元，同比下降2.6%。

在制造业产出份额方面，2019年捷克制造业产出47955.77亿捷克克朗（折合2091.03亿美元），出口比重达87.4%，可见捷克制造业发展很大程度上得益于国际市场。

在货物贸易份额方面，2019年捷克制造业占货物进出口贸易总额的89.3%，其中出口占比91.7%，进口占比86.7%，可见捷克货物贸易以制造业为主。

在贸易平衡方面，捷克制造业整体呈顺差状态，2019年贸易顺差272.43亿美元，同比增长5.3%。由于连年贸易顺差，捷克外汇储备较为充裕，为保持捷克克朗汇率和通货膨胀相对稳定创造了良好条件，捷克也因此在中长期内比其他中东欧国家更有能力维持宏观经济稳定。

从贸易国别看，捷克制造业对外贸易大部分在欧盟区域内进行，且较依赖于德国市场。据本书"发展篇"统计，捷克 70% 以上的货物贸易在欧盟内开展，其中约 1/3 出口、1/4 进口与德国之间进行。捷克是德国工业供应链的重要组成部分，为德国及欧盟其他发达国家提供制造业领域的各种组件。捷克政府也鼓励企业积极开拓欧盟以外的市场，逐步实现市场多元化，减少对欧盟市场的依赖。

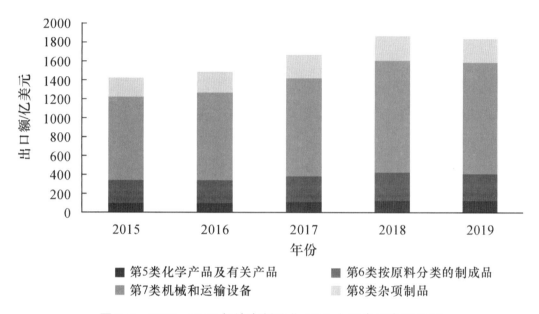

图 3-3　2015—2019 年捷克制造业 SITC 主要类别出口规模

（数据来源：捷克统计局）

从贸易商品看，汽车、机械和电气设备占主导地位。第 7 类机械和运输设备是制造业贸易第一大类，2019 年出口 1174.72 亿美元、进口 863.69 亿美元，分别占制造业的 64.3% 和 55.5%。据本书"发展篇"按 SITC 二位数编码统计，捷克前 5 位出口、进口商品均属于机械和运输设备类，合计出口、进口分别占到制造业的 57.0% 和 47.6%。第 7 类机械和运输设备中，陆路车辆（包括气垫式）贸易顺差最大，达 221.91 亿美元，相当于制造业总贸易顺差的 81.5%。表 3-2 更进一步分析了 SITC 三位数编码商品，汽车及其零部件是制造业出口前两位商品，2019 年出口 379.29 亿美元，占制造业总出口额的比重超过 20%，汽车制造业的支柱地位可见一斑。

表3-2 2019年捷克制造业出口前10位商品

序号	商品名称	所属大类	金额（亿美元）
1	汽车	机械和运输设备	223.67
2	汽车零部件	机械和运输设备	155.62
3	自动数据处理机器及其装置	机械和运输设备	130.70
4	电信设备及其零部件	机械和运输设备	129.38
5	电路开关	机械和运输设备	60.77
6	电机装置	机械和运输设备	51.21
7	基础金属制品	按原料分类的制成品	47.20
8	家具及其零部件	杂项制品	42.57
9	配电设备	机械和运输设备	36.83
10	婴儿车、玩具、游戏和体育用品	杂项制品	34.89

（数据来源：捷克统计局）

注：贸易商品按照SITC三位数编码进行分类。

鉴于高度集中以及与外贸的紧密联系，捷克制造业容易受外部环境的变化影响。2019年，受到亚洲国家需求疲软以及德国工业衰退的不利影响，捷克出口有所下降。其中，由于支柱产业汽车制造业需求疲软，2019年四季度捷克制造业产量下降了2.2%。

（四）积极引导数字化发展

捷克政府重视现代技术和服务，努力使捷克跻身创新和数字化领域的领先国家。在制造业发展过程中，也致力于创造新的社会环境，让数字化变革推动制造业升级。过去几年，捷克政府积极引导数字经济发展，在各类经济发展战略规划中频频涉及数字化方面，将为经济发展、产业升级带来新动能。2016年2月，捷克政府批准了"下一代互联网发展规划"，致力于提高宽带网络覆盖率及速度。2018年10月，捷克政府批准了"数字化战略"，发布跨领域战略文件《数字捷克 2.0 规划——数字经济之路》，致力于以三大支柱（数字化欧洲背景下的捷克、数字化公共行政、数字化经济和社会）为基础推动数字化进程。2019 年 2 月，捷克政府批准了"国家创新战略"，发布《未来之国：捷克共和国创新战略（2019—2030）》，提出到 2030 年将捷克建设成为欧洲的创新领导者。捷克创新战略包括九大支柱，涉及研发、数字化、知识产权、智慧投资与营销等方面。作为国家创新战略的一部分，2019 年 5 月捷克政府批准了"国家人工智能（AI）战略"，致力于将捷克打造为欧洲 AI 应用领域的典范，战略重点包括网络安全、保护工业和制造业，特别是保证人类在无人驾驶汽车、机器人、自动武器等方面的安全。针对目前捷克国家行政服务的低数字化水平，2019 年底众议院通过了《数字化宪法》，旨在逐步实现国家行政处理和提供服务的数字化，提高公共行政效率。2020 年 6 月，捷克政府批准了"2020—2021 年数字捷克项目实施计划"，首要目标是实现政府数字化服务。

为了衡量数字化实施的进展情况，自 2017 年以来，捷克统计局增加了一些指标，如互联网连接速度、云计算、3D 打印、机器人、大数据、电子商务和数据交换等，以评估捷克的数字化水平以及现代技术在国民经济各个部门的使用情况。2019 年 IMD 发布世界数字竞争力排名第 3 版，结果显示鉴于公共行政效率、基础设施建设进度等方面相对落后，捷克在全球 63 个经济体中的数字竞争力排名由 2018 年的第 29 位下滑至第 33 位。IMD 数字竞争力是通过对数字知识、数字技术、数字化准备程度三个因素进行评估，旨在衡量经济体采纳和探索通过数字技术推动企业、政府和更广泛社会经济转型的能力和准备程度，2019 年新引进了两个与"机器人技术"有关的全新指标，认为数字知识、灵活性、人工智能技术等对提升数字竞争力至关重要。

二、捷克制造业发展展望

（一）发展优势

世界经济论坛公布的《2019 年全球竞争力报告》显示，捷克在全球最具竞争力的 140 个国家和地区中排名第 29 位。世界银行《全球营商环境报告》

对全球 190 个经济体的商业监管法规和产权保护的分析和评估显示，捷克
2019 年排名第 35 位。高纬环球 2020 年最新发布的研究报告显示，捷克在全
球最适合发展制造业的国家排名中位居第 4 位，在欧洲国家中排名第 1 位。
与其他国家相比，捷克制造业的发展优势主要体现在技术创新优势、政策环
境优势和综合成本优势。

1. 技术创新优势

捷克制造业拥有一定的研发能力和技术创新优势，具备创新与应用研究
的良好基础，高技能素质的劳动力资源丰富。

首先，捷克具备创新与应用研究的良好基础。捷克在无人驾驶、生命科
学、纳米技术等前沿科技领域处于国际领先地位。霍尼韦尔公司、通用电气
航空公司、宝马等众多大型国际公司都在捷克投资建设研发中心。2017 年，
捷克新成立了 41 个研发中心，总投入相当于人民币 210 亿元。例如，捷克
利贝雷茨理工大学（TUL）的纺织工程学院，致力于研究纳米技术等新材料
在服装和技术纺织品领域的应用和开发，开发包含无机纤维、纳米粒子和纺
织品增强材料的复合结构，设计和评估智能纺织品，改进和开发用于纺织品
中的新材料、新能源和新运输介质的加工技术。此外，捷克企业也越来越重
视研发，加大研发投入力度，逐步提高研发比重。捷克工业联合会的定期调
查显示，超过 40% 的工业企业计划增加投资。欧洲统计局的数据显示，2018
年捷克研发投入占 GDP 的比重约为 1.9%，略低于欧盟的平均水平（2.2%）。
捷克计划到 2025 年将该比例提高至 2.5%，2030 年进一步提高至 3%。

其次，捷克高技能素质的劳动力资源丰富，受教育水平和素质普遍较高。
从劳动力质量来看，捷克拥有一批高素质、高技术的劳动力。据捷克统计局
公布的资料，捷克受教育程度一般分为四大类，分别是文法学校（Grammar
School）教育、中等职业技术教育（Secondary Technical Education）、高等职
业教育（Higher Professional Education）、大学教育（University Education）。
如图 3-4 所示，捷克人均受教育程度较高，受大学教育人数有 25 万左右。
据欧洲统计局数据，捷克 2019 年 15 至 64 岁的劳动力高等教育普及率为
21.6%。另外据统计，捷克总体教育体系全球排名前 20 位，人均受教育水平世

界排名第 4 位，接受高等教育率位居欧盟前茅。总体而言，捷克劳动力素质较高，高端技术人才较多，适合发展高新技术产业。

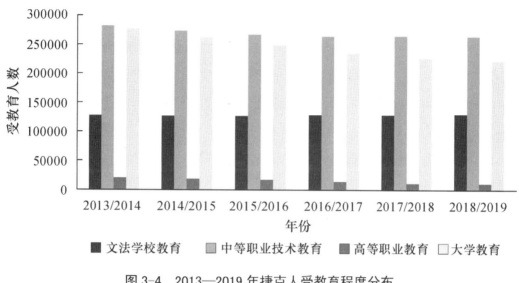

图 3-4　2013—2019 年捷克人受教育程度分布

（数据来源：捷克统计局）

2. 政策环境优势

捷克政府鼓励外国投资，重视外资对捷克经济的促进作用，具备政策环境优势。为优化产业结构，捷克逐步调整吸引外资的政策及引资重点，相继出台了一系列包括税收、就业、研发等方面的优惠政策，引导外资流入高新技术产业和新兴产业。据联合国贸易和发展会议发布的《2020 年世界投资报告》，2019 年捷克吸收外资流量为 75.77 亿美元，截至 2019 年底捷克吸收外资存量为 1706.82 亿美元。

1998 年，捷克实施《投资鼓励法》，鼓励外国直接投资进入捷克。此后，捷克政府按照欧盟相关法规和外资结构变化情况对该法案进行修订，主要是放宽对外资投资领域的限制，采用欧盟国家支持规则，减少对制造业投资项目的税收优惠和资金补贴，加大对技术中心和商业支持服务投资项目的支持力度。2015 年 5 月，新修订的《投资鼓励法》加强了对制造业、技术中心、商业支持服务中心及战略投资者的支持，加大了投资鼓励力度。为了提高捷克产业竞争力并降低相关财政预算，2019 年 9 月捷克开始执行新的《投资激励法修正案》，主要对投资鼓励的申请程序、补贴范围和补贴条件进行了修订，以鼓励高附加值和创造更多高素质工作岗位的项目落地。在制造业领域，新法案要求外国投资企业80%以上员工的工资须达到当地平均工资水平，且必须满足以下3个条件中的至少1个才能视为满足高附加值条件：（1）新增就业岗位大学生比例不低于10%；（2）研发部门雇员不低于2%；（3）对研发设备的投入不少于投资额的10%。此外，在申请程序方面，规定所有投资补贴的申请都将由捷克政府进行评估和批准。根据传统优势原则和发展潜力原则，捷克政府鼓励外资进入高新技术制造业，例如电子、电机工程、航空航天、高端设备制造、高技术汽车制造、生命科学、纳米技术、制药、生物技术和医疗设备、可再生能源资源和清洁技术产业等。

根据捷克经济发展的不同阶段，捷克政府审时度势，与时俱进，适时调整投资鼓励政策，而且对外商投资和国内企业投资一视同仁，采取同等优惠政策。在国家投资鼓励政策和欧盟基金的支持下，通过吸引利用外资，捷克制造业正从初级生产组装向高科技、高附加值的先进制造业转型升级。

3. 综合成本优势

相较于西欧国家，捷克在综合成本上竞争优势明显。捷克位于欧洲"心脏地带"，拥有欧洲大市场中心的战略位置；交通网络较为发达，铁路、公路、航空和水路交通便利，与周边国家交通便捷，是欧洲交通网的重要中转枢纽。2019年，捷克全境有高速公路1223千米，欧洲高速网2628千米，与周边国家连接并辐射整个欧洲，是中东欧地区运输网络密度最大的国家。捷克铁路可通往欧洲各大城市，铁路实际运营里程约为9564千米，密度高达12千米/百平方千米。捷克航空业发展较快，与欧洲各主要城市有航空线路连接。捷克目前共有91个民用机场，其中7个国际机场，分布在布拉格、布尔诺、奥斯特拉发、卡罗维发利和巴杜比采等城市，还有恰斯拉夫等4个军用机场。捷克是中欧内陆国家，无大型港口和出海口，但有众多小型内河港口和码头，主要分布在杰钦、布拉格和乌斯季等城市的拉贝河沿岸，通过这些内河港口可抵达鹿特丹等大型国际港口。此外，捷克电力发达，是欧洲电力出口大国；通信业发展迅速，基本实现了网络化。

（二）发展困境

制造业是捷克经济的重要驱动力，存在独特的发展优势。但是，捷克制造业也同时面临着不少问题和挑战，主要体现为劳动力短缺、劳动生产率偏低和企业利润率下滑等。

1. 劳动力短缺

同欧洲很多国家一样，捷克也面临着日趋严重的劳工危机。劳动力短缺，特别是专业技术工人的短缺，引起了捷克政府和企业的日益关注。捷克劳动力紧缺，不能满足就业市场的需求。在某些需求量大的专业领域，劳动力储备更是严重不足。这些情况导致劳动力市场在中长期内面临供求失衡问题。2018年，捷克45%的制造商将劳动力短缺列为限制生产的主要因素之一，职位空缺总数超过30万个。劳动力市场表现出明显的过热迹象，自2018年4月以来，职位空缺人数开始超过求职者人数。

从具体行业来看，捷克与相应行业相匹配的应届毕业生人数不足。比如汽车制造业长期缺乏高学历的技术工人，2018年汽车制造业空缺职位约2万个；啤酒酿造业面临缺乏酿酒师的难题，一般需要几个月甚至一年的时间才能找到新的酿酒师，于是出现了可兼顾3到4家微型酿酒厂的"飞行酿酒师"；对于纺织和服装业，具备纺织相关教育背景的新工人严重短缺。一方面捷克对纺织和服装教育感兴趣的年轻人不多，另一方面纺织和服装领域的中等教育和学徒教育偏弱。除了利贝雷茨技术大学，捷克没有其他纺织技术学校。为了改善这种状况，捷克发起了一项基于地区、企业和学校之间的合作协议，旨在满足各地区纺织企业的教育需求。

劳动力市场的短缺状况也体现在劳动力工资的快速增长上。为了解决"招工难"问题，捷克企业不得不提高工资，并尝试吸引来自国外的工人。如图3-5所示，单位劳动成本增长率和平均名义工资增长率呈现上升趋势，虽然2019年增速略有下降，但仍处于较高增长水平。尤其是近两年，平均名义工资及单位劳动成本的增长远快于劳动生产率的增长，从长远看不利于捷克经济的持续发展。为缓解劳动力紧缺问题，捷克政府自2016年开始实施从乌克兰雇用劳动者计划。据捷克劳动和社会事务部统计，截至2018年底在捷工作的乌克兰人有 12.10 万人，占外籍员工的 1/5。自 2019 年 11 月起，捷克将乌克兰劳工年配额数量从 1.96 万人增至 4 万人。

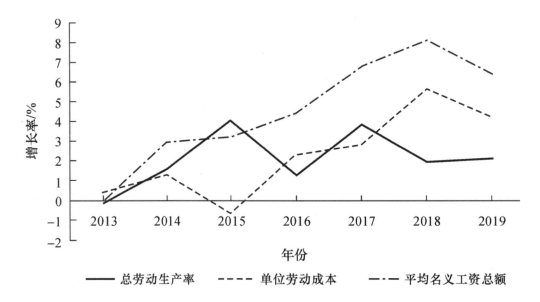

图 3-5　2013—2019 年捷克总劳动生产率、单位劳动成本及平均名义工资增长率趋势

（数据来源：捷克统计局）

2. 劳动生产率偏低

捷克制造业虽然近年一直在增长，但是相比西欧国家，仍存在劳动生产率偏低的现象，劳动生产率增长缓慢且波动较大（见图 3-5）。将捷克与德国进行比较发现，捷克人工作时间多于德国人，但生产效率和工资收入却低于德国。比如 2017 年，捷克人每小时劳动生产率为 38 美元，仅相当于德国劳动生产率水平的 60%；2018 年，捷克人每小时劳动生产率仅相当于德国人的 59%，每位劳动者的生产效率是德国人的 77%；2019 年，捷克劳动力平均每周工作时长 40 小时，高于欧盟平均水平（37 小时）和德国（34.8 小时）。为了保持制造业在全球经济中的竞争力，捷克亟须通过自动化、数字化等方式不断提高劳动生产率水平。

3. 企业利润率下滑

捷克制造业的企业利润受到各方面因素的挤压，利润率逐步下滑。除了单位劳动成本增加，电力价格上涨，原材料、服务费用增加，贷款利率上升等其他成本投入也不断增加。这些增加的成本将容易成为企业进一步发展的障碍。在激烈的市场竞争中，企业往往无法将较高的成本完全反映到较高的价格中，因而不得不减少利润。由于利润率的下降，越来越多的制造业企业不得不推迟甚至减少研发等投资计划。

（三）未来展望

从短期看，受疫情影响，捷克经济因国内外需求疲弱而严重受阻，制造业首当其冲。制造业采购经理人指数（PMI）是衡量一个国家制造业的"体检表"，被视为观测经济的领先指标。其中，50点被视为荣枯线，高于50表示经济景气，行业扩张；低于50则代表经济不景气，行业萎缩。如图3-6所示，2018年12月捷克制造业PMI降至49.7，为2016年8月以来首次跌破50临界点，此后PMI一直在50点以下，并逐渐走低。2020年4月捷克制造业PMI降至35.1，为近10年最低水平，生产和新订单指标也出现自2009年金融危机以来的最大跌幅。其主要原因是受疫情暴发和捷克政府不断升级的抗疫措施影响，制造业需求急剧下降，大批企业关闭。随着管制措施的放松，企业重新运营，PMI持续反弹，直至7月PMI回升至47点，为近16个月最高值，但仍低于50点的荣枯线，制造业前景仍不容乐观。据IHS Markit公司预计，2020年全年捷克工业生产将下降10%。

捷克是一个高开放度的经济体，其经济复苏不可独立于全球经济，更多依赖于全球经济尤其是欧盟的复苏。据统计，捷克在全球经济开放指数排名中居第17位，在欧盟居第9位。经济高开放度意味着国际局势改善对捷克至关重要。捷克制造业的发展在很大程度上将取决于外部国际环境和本国扶持举措。新冠疫情将是捷克当前制造业复苏面临的最大威胁，贸易保护主义升级、英国脱欧、中美关系、欧美贸易关系将加大不确定性。

从中长期看，捷克制造业亟待挖掘新增长点，增强后续竞争力。全球第四次工业革命正在酝酿和形成之中，创新活动异常活跃，人工智能、云计算、大数据等新技术、新业态、新模式层出不穷，绿色、循环、低碳的现代产业体系加速构建，这都带来全球产业分工格局的重构。为提高捷克在第四次工

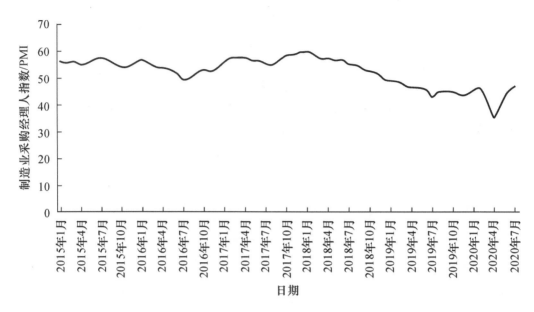

图 3-6　2015—2020 年捷克制造业 PMI 走势

（数据来源：埃信华迈公司）

业革命中的竞争力，2016 年 8 月捷克政府正式批准了"捷克工业 4.0 倡议"，并在倡议中分析了捷克工业发展趋势和未来可能面临的风险，提出了相应建议。该倡议重点关注数据和通信设施、教育和技能、劳动力市场和全球供应链等领域。2017 年 2 月，捷克工贸部成立了"4.0 社会联盟"，在"捷克工业 4.0 倡议"框架下制订了具体行动计划。2017 年 9 月，捷克政府正式批准了"4.0 社会行动计划"，并将教育、劳动力、电子政务、工业、创业和竞争力等列为该计划的支柱。对于日益陷入瓶颈的捷克制造业而言，"捷克工业 4.0 倡议"能够活跃劳动力市场，提高制造业的自动化、智能化和数字化水平，进而有效缓解捷克制造业面临的困境，为其带来发展新机遇，助力捷克经济转型升级。

致　谢

《"一带一路"框架下浙江与捷克经贸合作发展报告（2020）》顺利发布，在此感谢社会各界为本报告发布提供的帮助、指导与支持。

在本报告的编写过程中，我们得到了浙江省商务厅的悉心指导。商务厅外联处、外经处、综合处、贸发处、外贸中心等相关处室（单位）给予了鼎力支持，也对报告的内容提出了宝贵的修改意见。

在资料搜集过程中，我们得到了正泰集团、大华科技、万向集团、浙江华捷、万通智控等多家企业的全力配合，在此一并表示感谢！

感谢研究中心的各位同仁，感谢本报告的英语翻译团队、捷克语翻译团队以及外审专家们的辛勤工作，使这份报告得以用中、英、捷三语同时公开发布！

图书在版编目（CIP）数据

"一带一路"框架下浙江与捷克经贸合作发展报告.
2020 / 周俊子等著. —杭州：浙江大学出版社，2021.4
　　ISBN 978-7-308-21195-6

　　Ⅰ.①一… Ⅱ.①周… Ⅲ.①"一带一路"—对外经
贸合作—研究报告—浙江、捷克—2020 Ⅳ.①F752.857.3

　　中国版本图书馆 CIP 数据核字（2021）第 050355 号

"一带一路"框架下浙江与捷克经贸合作发展报告（2020）

周俊子 郑亚莉 张海燕 胡文静 著

责任编辑	诸葛勤
封面设计	周　灵
责任校对	田　慧
出版发行	浙江大学出版社
	（杭州市天目山路 148 号　邮政编码 310007）
	（网址：http://www.zjupress.com）
排　　版	浙江时代出版服务有限公司
印　　刷	浙江省邮电印刷股份有限公司
开　　本	787mm×1092mm　1/16
印　　张	14
字　　数	388 千
版 印 次	2021 年 4 月第 1 版　2021 年 4 月第 1 次印刷
书　　号	ISBN 978-7-308-21195-6
定　　价	88.00 元